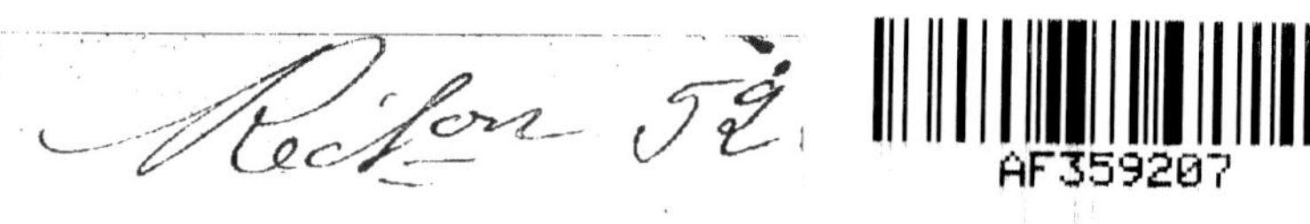

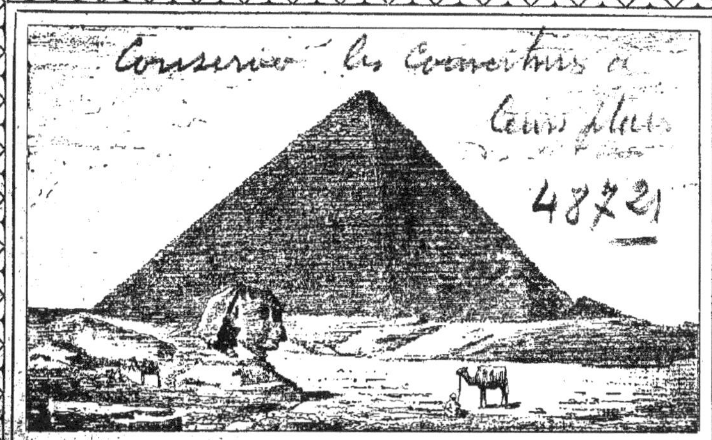

L'ART MONUMENTAL

DES ÉGYPTIENS ET DES ASSYRIENS

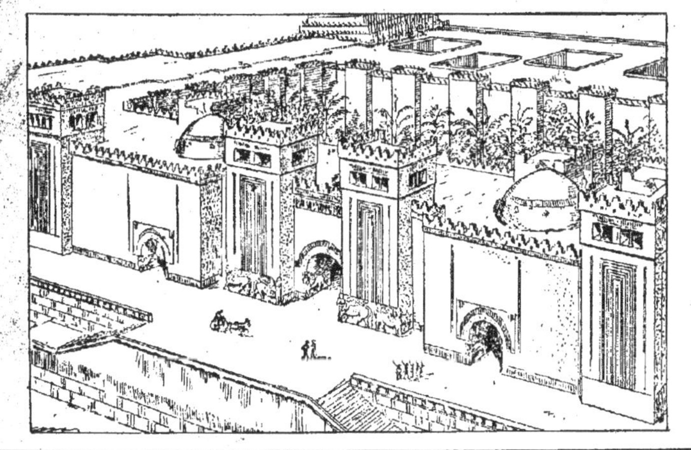

Société de St-Augustin, Desclée, De Brouwer et Cie.

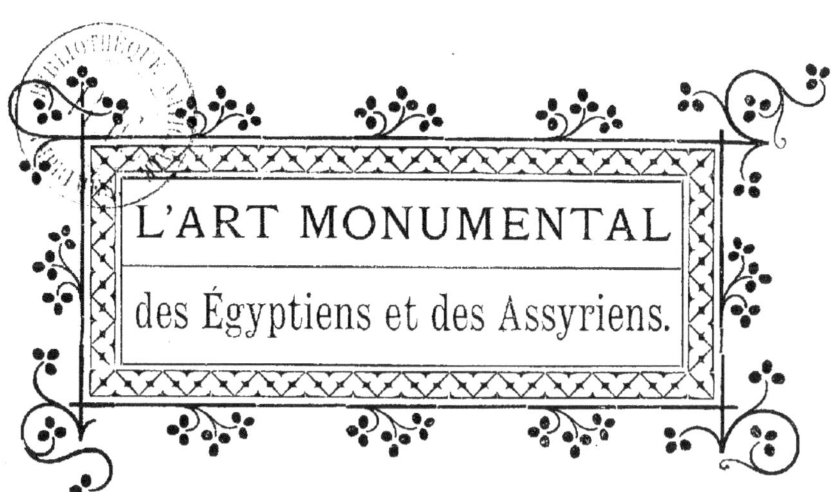

L'ART MONUMENTAL
des Égyptiens et des Assyriens.

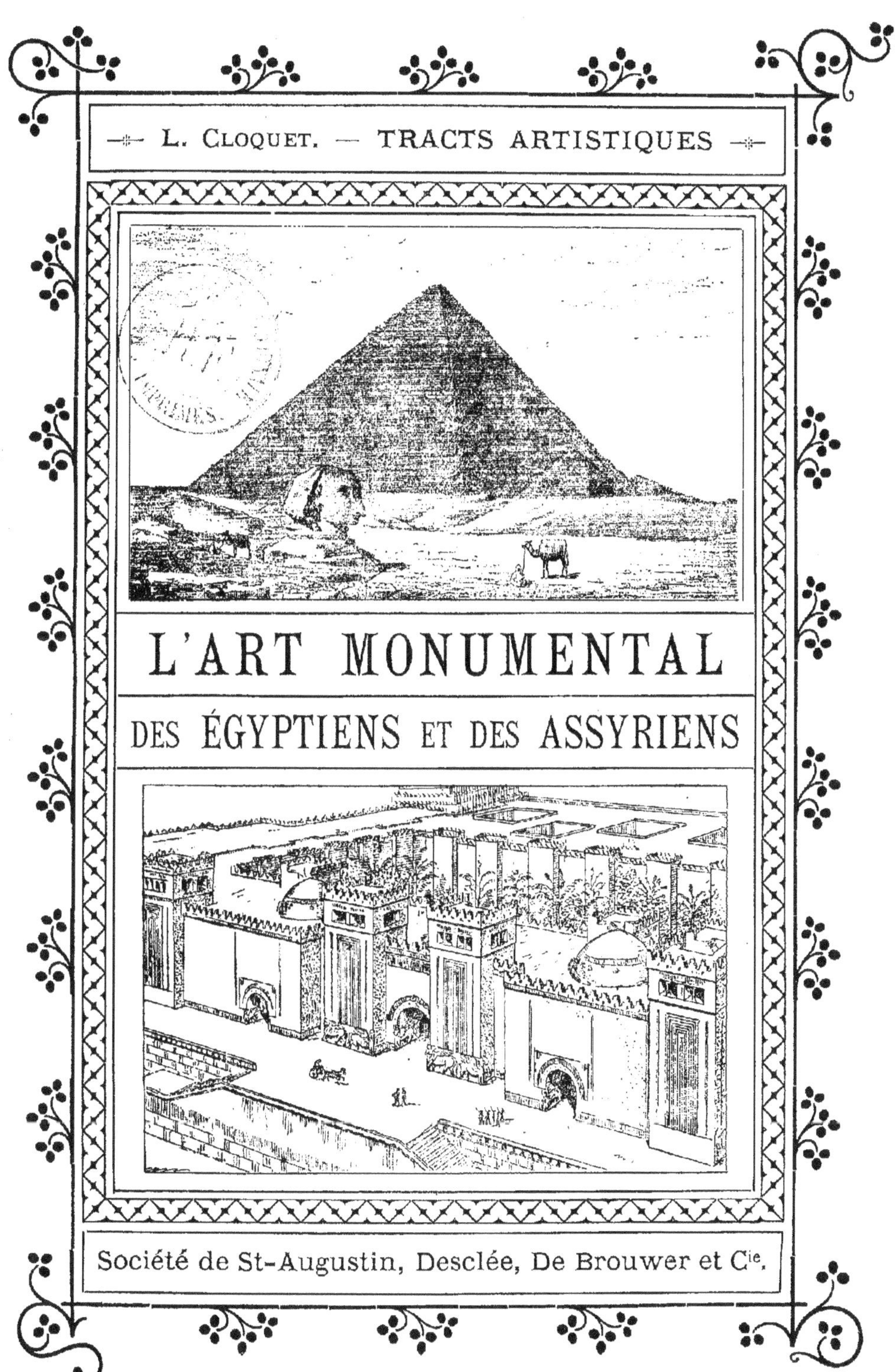

L'ART MONUMENTAL

DES ÉGYPTIENS ET DES ASSYRIENS

Société de St-Augustin, Desclée, De Brouwer et Cie.

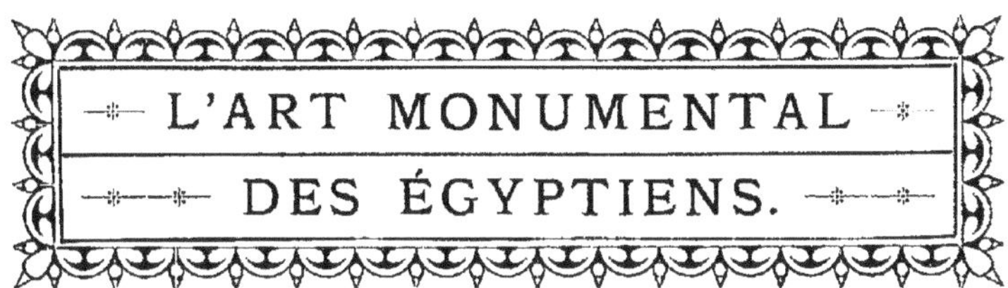

BIBLIOGRAPHIE.

BELZONI. — *Voyages en Égypte et en Nubie*, 1821.

BLANC. — *Voyage de la Haute Égypte*, 1877.

BRUGSCH. — *Histoire de l'Égypte*. Leipzig, 1859.

CHAMPOLLION LE JEUNE. — *Monuments de l'Égypte et de la Nubie*, 1845.

COUGNY. — *L'art antique*, 1892.

DE ROUGÉ. — *Monuments des six premières dynasties*.

DEVÉRIA, DE ROUGÉ, OPPERT et MILLER. — *Mélanges d'archéologie égyptienne et assyrienne*, 1872.

DU BARRY DE MERVAL. — *Études de l'architecture égyptienne*.

EBERS. — *L'Égypte, du Caire à Philae*, trad. de G. Maspero, 1881.

FLEURY. — *Expédition des Français en Égypte*.

GAU. — *Antiquités de la Nubie*, 1819.

JOMARD. — *Description de l'Égypte. Antiquités*.

LENORMANT. — *Musée des antiquités égyptiennes*, 1841.

LEPSIUS. — *Denkmaeler aus Aegypten and Aethiopien nach die Wandgemaelder der Raeumer der Abtheilung für Aegypt*. Berlin, 1849, 894 pl.

LORET. — *L'Égypte au temps des Pharaons*.

MARIETTE. — *Traité pratique des constructions en Égypte*. — *Itinéraire de la Haute Égypte*. — *Tombes de l'ancien empire*. — *Voyage dans la Haute Égypte*. — *Abydos*, etc.

MASPERO. — *Archéologie égyptienne*. — *Histoire ancienne des peuples de l'Orient*.

PANCKOUCKE. — *Description de l'Égypte*, Impr. nat. 1809-1828.

PERROT ET CHIPIEZ. — *Histoire de l'art dans l'antiquité* — t. I, *Égypte*, 1882.

PIERRET. — *Dictionnaire d'archéologie égyptienne*.

PRISSE D'AVESNE. — *Monuments égyptiens*, 1847. — *Histoire de l'art égyptien d'après les monuments*, 1878.

RHONÉ. — *L'Égypte à petites journées*.

RIFAUT. — *Voyage en Égypte, en Nubie*, etc. 1827.

Etc........., etc.........

Voir en outre les traités généraux de l'histoire de l'art.

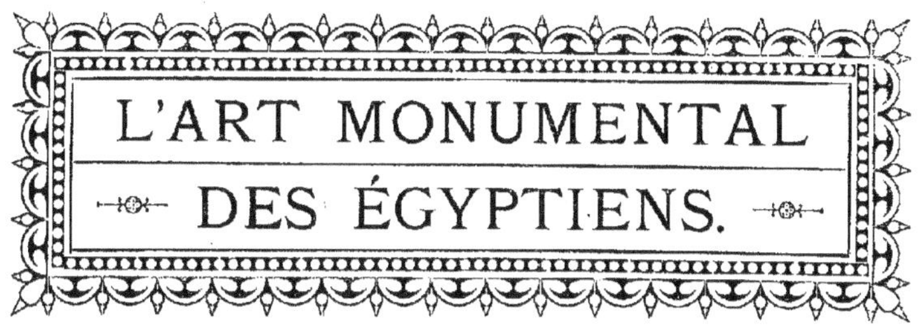

I. GÉNÉRALITÉS. — État social; géographie; chronologie; caractères de l'art égyptien.

ÉTAT SOCIAL.

1. — L'Égypte est le seul pays qui offre à l'étude, avant la période gréco-romaine, par l'abondance de ses monuments bien conservés et s'étendant le long d'une période de près de 3000 ans, une architecture complètement développée.

L'histoire égyptienne se divise, au point de vue de l'art, en deux périodes séparées par l'invasion d'un peuple d'origine sémite, nommé les *Hycsos* (pasteurs), qui eut lieu 2000 ans avant l'ère chrétienne. Les *Pasteurs* furent chassés l'an 1650 av. J.-C. C'est à leur départ que commence la belle époque de l'art dans ce pays. On sait aujourd'hui, par les révélations de certains papyrus, que le Pharaon dont il est question dans l'histoire de Joseph rapportée par la Bible, était un Hycsos, ce qui explique la faveur avec laquelle il accueillit les Hébreux dans la terre de Gessen ([1]).

Depuis que Champollion Figeac a trouvé la clef des hiéroglyphes, on a pu établir un ordre chronologique entre les monuments de l'Égypte, malgré leurs singulières ressemblances. On sait aussi pour quelles causes l'architecture et l'art en général a si lentement progressé.

---

1. Les données égyptologiques peuvent servir de commentaires et de complément aux révélations bibliques. On sait maintenant que le Pharaon de Joseph se nommait Apophis (l'Apapi II de Mariette) ; que l'oppresseur des Hébreux fut Ramsès II (le grand Sésostris des Grecs) ; et que le Pharaon des plaies fut Ménephtah, son treizième fils et son successeur ; on a vu encore dans certains papyrus des traces du séjour des Hébreux à Gessen (les Abériu ou Apériu). M. Champollion lut un jour avec émotion sur la ruine de Karnak, la victoire de Sésac sur Roboam.

D'un autre côté les données ethnographiques fournies par les papyrus correspondent bien avec les mœurs égyptiennes telles que nous les dépeint la Genèse. « L'histoire de Joseph, dit un auteur, porte avec elle un goût si prononcé du terroir égyptien ; elle reflète les mœurs pharaoniques d'une manière si précise, si vive et si minutieuse, que sa rédaction à l'époque postérieure est absolument invraisemblable. »

L'Égypte était partagée en castes, desquelles nul ne pouvait sortir. La caste *militaire* était supérieure à celle des *fonctionnaires ;* cette dernière avait la priorité sur celle des *commerçants*, laquelle dominait sur les *fellahs*, ou manants, qui étaient des descendants de captifs esclaves. D'après une théorie généralement reçue, les aborigènes, appartenant à la race jaune et en partie à une race noire, auraient été subjugués par des Aryas. Cette théorie paraît confirmée par les notions acquises et que nous venons d'indiquer, concernant les castes égyptiennes. La conséquence de cette situation a été nécessairement l'absence de toute concurrence, de toute émulation sur le terrain de l'art, et par suite, l'empire souverain de traditions immuables, et ce qu'on appelle l'*hiératisme de l'art*.

Les temples, monuments colossaux, s'élevaient au centre des villes. Ils étaient entourés d'espaces consacrés, où s'élevaient les habitations de pierres et de briques réservées à la classe moyenne appartenant à la race des envahisseurs (guerriers, fonctionnaires, commerçants). Au dehors s'étendaient les agglomérations des chaumières en limon des *fellahs*, et les bouges des captifs, semées au milieu des champs cultivés.

Les temples servaient en même temps de demeures aux prêtres. Les arts étaient le monopole de la caste sacerdotale, avec laquelle les rois partageaient le caractère sacré, et dans les mains de laquelle ils étaient conservés dans une pureté immuable et rigide.

La religion égyptienne était un monothéisme symbolique dont l'intelligence était réservée aux initiés. Il y avait en réalité deux religions ; l'une, cachée, plus élevée, que les prêtres laissaient dans le mystère des temples ; l'autre, publique, qui offrait à l'adoration du peuple les symboles et attributs divins. De là le polythéisme chez le peuple, pour qui « tout était dieu, excepté Dieu lui-même », tandis que les monuments de l'art égyptien attestent que la religion égyptienne était, dans l'antiquité, celle qui conservait le plus de traces de la religion révélée primitive ([1]).

GÉOGRAPHIE.

2. — L'Égypte est une contrée allongée du Sud au Nord, qui occupe l'ancienne Lybie, bornée au Nord par la Méditerranée, à

---

1. V. E. Cartier, *L'art chrétien*, t. I, p. 387.

l'Est par la mer Rouge et l'isthme qui la fait communiquer avec
l'Asie, au Sud par la Nubie (ancienne Éthiopie), et à l'Ouest
par le désert africain. La vallée du Nil est resserrée entre deux
plateaux élevés, savoir, à l'Est, la chaîne Arabique et à l'Ouest, la
chaîne Lybique. Dans sa partie supérieure, appartenant à l'ancienne Éthiopie, elle est très étroite : elle ne mesure guère que
cinq à six kilomètres. Elle devient ensuite un peu plus large ; elle
présente dans sa partie moyenne de vingt à vingt-cinq kilomètres.
Enfin, en amont de Memphis, cette vallée, d'abord encaissée,
puis étroite, s'élargit et fait place à une vaste plaine, appelée le
Delta, à cause de la ressemblance que présente sa forme avec
la lettre grecque qui porte ce nom (¹).

La civilisation égyptienne fut tout entière sur les rives du Nil :
en dehors de la vallée qu'il arrose, il n'y a jamais eu que de la bar-
barie. Le Nil est la vie de l'Égypte, et la cause de sa fertilité.
Les habitants du pays l'appellent encore *el Fayd* (l'Abondance) ou
el Mohareck (le fleuve Saint). Ses eaux irriguées rafraîchissent
le sol à l'époque où le ciel trop serein refuse à la terre la pluie
dont elle a soif, et ses crues bienfaisantes y déposent un limon qui
féconde et vivifie la terre. Aussi la civilisation ancienne de l'Égypte
a-t-elle été étroitement liée aux rives du fleuve, au terrain formé
par ses alluvions, à la végétation spéciale qui s'y développe, et
qu'égaie la fleur du lotus, cette fleur sacrée dont l'image symbolise la fécondité du sol, ses produits utiles, la richesse du pays et
en quelque sorte l'âme du Nil et du pays qu'il arrose.

L'Égypte fut séparée très anciennement en deux royaumes comprenant respectivement la Basse et la Haute-Égypte, cette dernière s'étendant de la pointe du Delta à la première cataracte.
Les souverains qui ont réuni sous leur sceptre le territoire tout
entier sont appelés Seigneurs de la Haute et de la Basse-Égypte.
Ils portent en tête deux couronnes, dont chacune indique la domination exercée sur une des deux grandes portions du royaume uni.
Ajustées l'une à l'autre, elles forment la coiffure royale complète
qu'on appelle le *pschent*. La couronne du Midi, ou *couronne blanche*,
est une sorte de haute mitre, celle du Nord, ou *couronne rouge*,
en diffère par la couleur.

---

1. V. R. Ménard, *L'art égyptien*.

CHRONOLOGIE.

3. — D'après M. Maspero ([1]), le centre de l'empire s'est transporté successivement de Memphis à Héracléopolis et à Thèbes, en s'éloignant de la mer, puis en sens inverse, vers le Delta, jusqu'à Saïs.

Le système chronologique de Mariette, qui est le plus répandu, remonte jusqu'à 5004 ans avant notre ère. Dans l'histoire égyptienne on compte par *dynasties ;* on appelle une dynastie, un groupe de *Pharaons* appartenant à la même famille.

On distingue d'une manière très générale deux périodes antérieures à l'expulsion des *Hycsos*, et nommées l'*ancien empire* (5004-3064) et le *moyen empire* (3064-1650). La période la plus remarquable au point de vue de l'art est celle du *nouvel empire*, qui date de l'expulsion des Pasteurs, et qui s'étend jusqu'à l'invasion des Perses (1650-552).

4. — Une chronologie plus précise et plus complète comprend :

> 1°) — La période *Memphite*, qui correspond à l'ancien empire.
>
> 2°) La période *Thébaine*, qui comprend le moyen empire et une partie du nouvel empire.
>
> 3°) La période *Saïte*, à laquelle appartient le reste du nouvel empire et en outre le règne des Perses. Elle s'étend jusqu'aux Ptolémées et à la domination romaine.

Nous donnons ci-après un tableau synoptique de deux chronologies ([2]).

1° *Période Memphite.* (Suprématie des rois de Memphis.) 1re à 10e dynastie. — Empire fondé par *Menès* sur les ruines de la théocratie antéhistorique.	Ancien empire (5004-3064).

---

1. V. Perrot et Chipiez, *Histoire de l'art dans l'antiquité.*

2. V. Perrot et Chipiez, *Ouv. cité.*

2° *Période Thébaine*. (Suprématie des rois de Thèbes.)
11ᵉ à 20ᵉ dynastie.
a. — *Ancien empire Thébain*. (11ᵉ à 16ᵉ dyn.)
Invasion des Hycsos, 2000 ans avant J.-C.

| | Moyen empire (3064-1650). |

b. — *Nouvel empire Thébain*. (16ᵉ à 20ᵉ dyn.)
Expulsion des Hycsos.

3° *Période Saïte*. (Suprématie de Saïs et des autres
villes du Delta.)
21ᵉ à 30ᵉ dyn.
a. — 1ʳᵉ période Saïte. (21ᵉ à 26ᵉ dynastie.)
Invasion des Perses. Victoire de Cambyse,
552 ans av. J.-C.

| | Nouvel empire (1650-552). |

b. — 2ᵉ période Saïte. (26ᵉ à 30ᵉ dynastie.)
Conquête d'Alexandre le Grand, (332 av. J.-C.)

4° — Les Ptolémées et la domination romaine.
(30 ans av. J.-C.) — Bataille d'Actium.

Les principaux monuments de l'Égypte antique sont des pyramides, des temples souterrains, des temples à ciel ouvert et des
tombeaux souterrains.

Les monuments typiques de *l'ancien empire* sont les grandes
pyramides. Les pyramides de Sakkarah sont attribuées à la
IIIᵉ dynastie ; celles de Ghizeh, à la dynastie suivante, qu'on fait
remonter à plus de cinq mille ans avant notre ère. Les chambres
sépulcrales de Sakkarah et de Ghizeh sont de la même période,
ainsi que le temple d'Amachis, près du grand Sphinx.

Les grottes de Beni-Hassan datent de la XIIᵉ dynastie et constituent les monuments les plus remarquables du *moyen empire*.

Le *nouvel empire* a produit la porte orientale de Karnac, le
palais de Louqsor, les six grandes chambres et le petit sanctuaire
d'Abydos, la grande salle hypostyle de Karnac et le palais de
Medinet-Abou.

ANALOGIES.

5. — L'art de l'Égypte offre de remarquables analogies avec
celui des peuples de l'Asie.

1º *Avec celui des Indous.* Des tribus nomades, descendues des plateaux du Thibet, s'établirent dans l'Hindoustan, où elles développèrent un art que nous étudierons plus loin. D'autres rameaux ethniques détachés du même tronc poussèrent jusque dans la vallée du Nil.

Dans ces deux contrées se formèrent, dès les temps les plus reculés, deux genres d'architecture si analogues, que l'on a cru d'abord que l'une était l'imitation de l'autre. Leur ressemblance s'explique toutefois par des traditions communes et des conditions identiques de besoins, de climat, etc... Mêmes matériaux pierreux, mêmes mœurs, même nature de terrain ; chez les deux peuples, un vif sentiment de la brièveté de la vie, un même désir de se survivre dans leurs œuvres, un respect aussi profond pour la sépulture des morts.

Comme les Indous, les Égyptiens creusent leurs premiers temples dans les rochers, avec une patience égale ; comme eux, ils en couvrent les parois de sculptures symboliques. Mais chez les premiers la raideur des figures est moins le résultat de l'incapacité des artistes, que d'un hiératisme voulu. Les Égyptiens se bornent, à dessein, à des sculptures méplates et creuses, dans un but de conservation indéfinie. Ces figures sont traitées à l'instar des tapisseries, tandis que les Indous taillent en relief des sculptures, reproduisant plus ou moins gauchement la nature.

La raideur égyptienne a le grand mérite de marquer fortement le caractère subalterne de la sculpture vis-à-vis de l'architecture, caractère qui est facilement détruit par des statues gigantesques d'une allure plus libre.

2º *Avec celui des Chaldéens.* D'un autre côté la manière de bâtir des Égyptiens se rapproche, à certains égards, de celle des Chaldéens.

Les envahisseurs de l'Égypte s'y étant multipliés à l'abri des grottes creusées dans les montagnes, se répandirent plus tard dans les plaines fertiles du Delta, et furent forcés de bâtir à la surface du sol. Le bois faisant défaut, ils durent se contenter de limon et de roseaux pour se construire des huttes. Aussi à *l'architecture de granit* succéda une *architecture de limon*, dont les formes devaient se perpétuer plus tard dans une nouvelle architecture en pierre. —

De même les *Assyriens*, établis dans d'immenses plaines couvertes
d'alluvions, furent naturellement amenés à construire leurs demeures
en terre; seulement, au lieu de recourir au *pisé* comme les Égyptiens,
ils travaillaient la terre en forme de briques qu'ils mirent en œuvre
après les avoir enduites de bitume.

Ces analogies, signalées à priori entre les architectures des
grands peuples de l'antiquité orientale, pourront donner plus d'intérêt à l'étude que nous allons faire des édifices de l'Égypte.

CARACTÈRES DE L'ART ÉGYPTIEN.

6. — L'art égyptien est original et sans traces d'influence extérieure. Il est tout d'une pièce ; l'architecture y commande en maî-
tresse à la sculpture et à la peinture. On ne saurait en détacher
les ornements sans détruire l'organisme.

Cette architecture ne décèle pas dans son ensemble un génie élevé.
Elle est imposante surtout par la puissance des masses mises en
œuvre, et ses dimensions colossales. On devine, que des milliers
d'esclaves ont dû mourir à la tâche après une vie de bête de somme,
pour mettre debout ces monuments, qui sont le propre d'une nation
douée d'une puissante hiérarchie politique. L'unité parfaite des
vastes plans fait penser à des armées d'ouvriers, travaillant comme
marchent des soldats, sous une direction bien réfléchie, inspirée
par des règles consacrées.

Les sculptures, largement conçues, reproduisent des scènes de
la vie civile, religieuse et militaire. Ces figurations, qui s'étendent
sur toute la vaste superficie des édifices, sont rehaussées de brillantes couleurs, sans demi-teintes. Elles permettent à l'observateur
perspicace de reconstituer toute la vie politique et privée de ce
peuple enseveli depuis des milliers d'années. Le style de ces bas-
reliefs peints n'est pas sans parenté, comme nous venons de le dire,
avec celui des tapisseries, que l'Égypte a fabriquées dès les temps
les plus reculés.

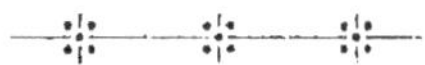

MONUMENTS FUNÉRAIRES.

7. — *Croyances.* Nous avons dit que les Égyptiens se distinguaient par leur culte respectueux pour les morts, qu'ils ne voulaient pas abandonner à la pourriture. Ils croyaient à la survivance de l'être humain, à l'existence du *Rha*, sorte de *double* du corps, qui en avait la forme dans un état moins matériel, qui séjournait près de lui et éprouvait tous les besoins terrestres de l'individu vivant. En attendant le jour où il devait se réunir à nouveau au corps, on devait lui procurer une véritable habitation, et y apporter régulièrement des offrandes alimentaires.

Quant au corps du défunt, il était conservé avec les soins les plus précieux ; embaumé avec un art admirable, il était disposé sous forme de *momie* (¹) dans un sarcophage installé au fond d'un *puits funéraire*. M. Maspero assure que, dès l'âge de raison, tout jeune Égyptien commençait à prendre ses dispositions pour préparer son tombeau, à creuser son puits funéraire, à tailler son sarcophage (²). Le jour même de son avènement, un roi donnait déjà des ordres

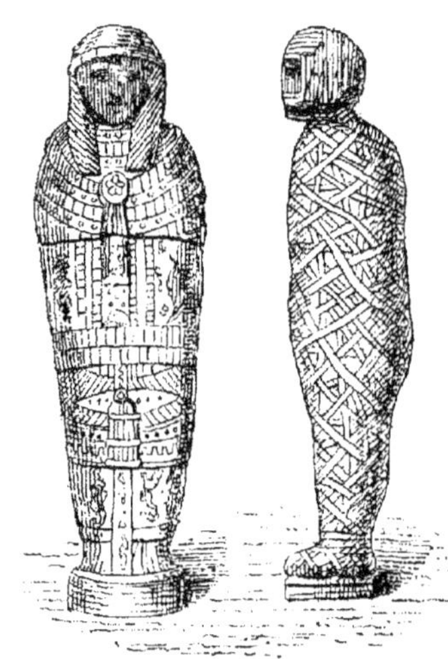

Fig. 1.

Vue de face   Vue de côté
d'une momie.

---

1. Momie, de l'arabe *moumyâ*, formé de deux mots coptes, dont l'un signifie *mort* et l'autre *sel*, c'est-à-dire *mort préparé avec le sel* ; suivant quelques auteurs, il vient de l'arabe *mum*, cire, matière dont on se servait pour l'embaumement. Le cadavre était desséché et embaumé. Cette opération était habituelle en Égypte, et elle était pratiquée aussitôt après la mort par les *tarichentes* ou *colchytes*, prêtres chargés de ce soin. Les *momies* étaient déposées dans le tombeau de la famille ou dans un tombeau public.

2. V. Perrot et Chipiez, *Histoire de l'art dans l'antiquité*, t. I, p. 207.

pour commencer son monument sépulcral, sa pyramide. Un Égyptien, roi ou sujet, travaillait toute sa vie à édifier sa demeure dernière, et celle-ci était, par suite, d'une importance proportionnée à la longueur de son existence. C'est d'après ce principe, selon M. G. Perrot (1), que les pyramides funéraires étaient construites, non par couches horizontales, mais en partant d'un noyau central pyramidal, qui s'élargissait par des revêtements successifs, ce qui permettait de l'achever rapidement, une fois arrivée la mort du roi auquel elle était destinée. Ainsi le règne de Cheops eut deux fois plus de durée que celui de Mykerinos, et sa pyramide a double grandeur (2). Cependant M. Maspero conteste cette dernière interprétation (3).

Dans le cercueil contenant les momies, étaient enfermés des *papyrus*, qui contenaient l'histoire du mort (4). Les récentes découvertes de M. Grébault ont mis au jour une multitude de précieux documents de cette nature à Deir-el-Bahri.

La tombe privée était le *mastaba*.

La tombe royale était la *pyramide*.

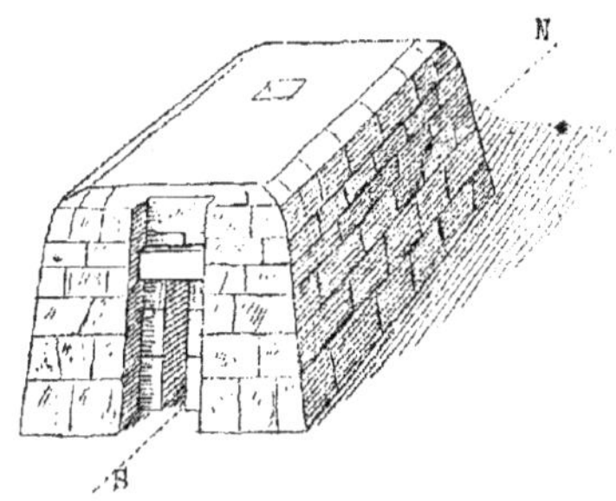

Fig. 2. — Vue extérieure d'un mastaba.

8. — Le *mastaba* était une construction massive en pierres ou en briques, offrant extérieurement des murs en talus, terminée supérieurement en plateforme, orientée du nord au sud avec une précision astronomique, et offrant une porte percée dans l'un des petits côtés. Sa forme ressemble à celle du *sofa* de la maison orientale ; de là le nom de mastaba, qui signifie banc (fig. 2).

1. V. *Ibid.*, p. 210. —

2. V. M. Lozel, de la faculté des lettres de Lyon, *La tombe d'un ancien Égyptien.*

3. V. Gaston Cougny. *L'art antique*, p. 66.

4. Le musée de Ghizeh s'est enrichi, en 1893, de cent-soixante magnifiques sarcophages découverts à Thèbes, par M. Grébault. La première momie qui ait été débarrassée de ses bandelettes offre un intérêt tout particulier ; la tête, d'un profil remarquable, portait encore en place les amulettes ornant le cou et la tempe gauche ; les yeux, les narines et la bouche étaient recouverts d'une couche de cire vierge. Des soins exceptionnels paraissent avoir été apportés à l'embaumement de ce corps, qui semble être celui d'un personnage nommé *Djanefer*, fils de la princesse *Isis Emkeb*, de la famille des grands-prêtres d'Ammon.

La porte donne accès dans une chambre, dans laquelle se faisait annuellement le repas funéraire. Dans cette chambre s'ouvrait le puits (fig. 3). Parfois la chambre n'existait pas ; alors la porte était remplacée par une sorte de niche, et le puits s'ouvrait dans la plate-forme supérieure (fig. 4).

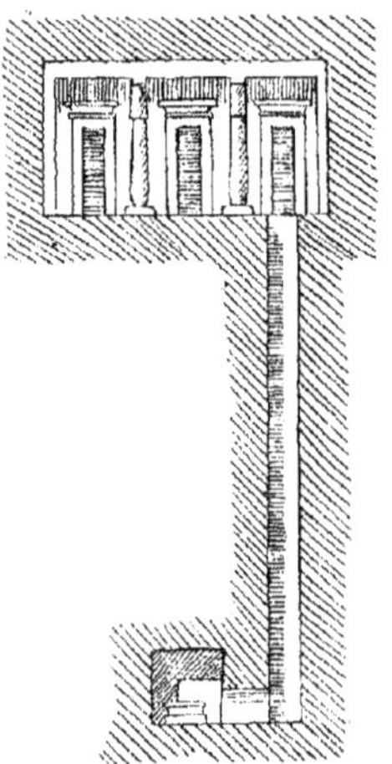

Fig. 3. — Coupe sur un mastaba à chambre funéraire et caveau (¹).

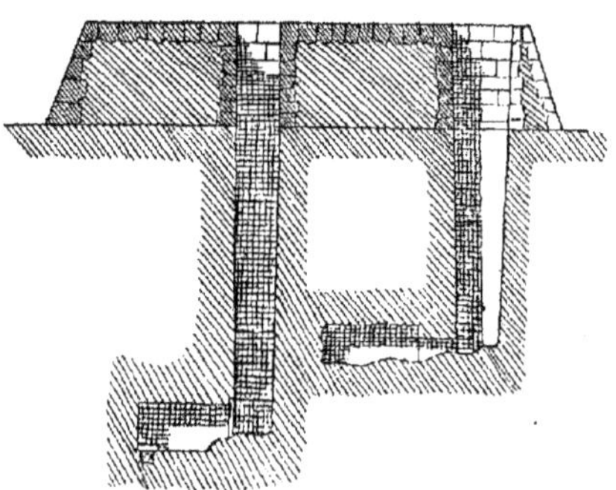

Fig. 4. — Coupe sur les puits funéraires d'un mastaba à Ghizeh, d'après Lepsius, t. I, pl. 22.

Les mastabas renfermaient en outre une ou plusieurs niches murées, contenant la statue du défunt et nommée *Serdab* (²).

Une multitude de mastabas ont été trouvés dans la nécropole de Memphis, qui formait le plus grand cimetière du monde. On en trouve aux environs de Thèbes des amas considérables, plus ou moins régulièrement distribués. Ces habitations des morts constituent une puissante expression matérielle de la foi vive des Égyptiens dans l'immortalité. « Les Égyptiens, rapporte Diodore de Sicile, appellent les demeures des vivants des gîtes, les tombeaux, au contraire,

<hr>

Auprès du corps se trouvait un papyrus religieux, dont le texte, paraît-il, est une révélation pour les égyptologues. La momie d'Isis Emkeb elle-même figure au nombre des momies royales trouvées en 1881, à Deir-el-Bahri, en même temps que celle de Sésostris.

1. D'après Mariette, *Notice des principaux monuments...*

2. V. Mariette, *Revue archéologique*, 1869, t. XIX.

ils les nomment des maisons éternelles, parce qu'on y est pour toujours. »

LES GRANDES PYRAMIDES ([1]).

9. — Il est prouvé aujourd'hui que les *pyramides* d'Égypte sont des *sépultures royales*.

On a émis naguère d'intéressantes théories sur leur destination. On a remarqué que non seulement elles sont parfaitement orientées, mais qu'encore la plus grande semble offrir dans ses proportions, ses lignes, son emplacement, ses matériaux, etc., des propriétés telles, qu'il s'en dégagerait une accumulation de données scientifiques. Aussi les savants ont-ils été jusqu'à y voir un *étalon* symbolique des données astronomiques et autres connaissances acquises par les Égyptiens ([2]).

Le caractère funéraire des pyramides, affirmé par Hérodote, Diodore et Strabon, est admis aujourd'hui par les savants et notamment reconnu par l'illustre Mariette ; il n'est pas un groupe de pyramides en Égypte, qui ne soit le centre d'une nécropole ; on a toujours retrouvé un sarcophage dans la chambre inférieure, qui, avec la chapelle et les couloirs, formait une des parties essentielles du plan de toute pyramide. Ces monuments n'ont jamais été des observatoires, malgré leur orientation, qui est une loi pour les tombeaux. La pyramide est la tombe royale de l'ancien empire ([3]).

10. — *Pyramides de Memphis*. Les pyramides de Memphis sont les monuments les plus gigantesques qui aient été bâtis par les peuples de l'antiquité. Elles s'élèvent à la rive gauche du Nil, sur un plateau situé à 100 pieds environ au-dessus du fond de la vallée, à 500 toises d'un petit village nommé Ghizeh, qui marque l'endroit où fut la puissante cité de Memphis.

A quinze lieues de distance, le voyageur aperçoit déjà les pyramides ; deux heures avant de les atteindre, il s'en croit déjà tout près, cependant on devine à peine les assises puissantes qui les composent, leurs arêtes commencent seulement à se denteler. A mesure que l'on s'approche et que l'heure s'avance «à ces immuables horloges

---

1. V. J. Gobert, *Description des pyramides de Gizeh*, etc., Paris, an IX.

2. Piazzi Smith, *Life and work at the great pyramid, during the Months of janvier-avril 1868*, Edimbourg.

3. Perrot et Chipiez, *Histoire de l'art*, t. I, *Égypte*, pp. 70-80.

des siècles », dit M. Goupil Fesquet ([1]), leurs ombres colossales projetées sur le sable grandissent et s'allongent avec une muette et imposante majesté. « Leur aspect silencieux, la grandeur de leur masse, la largeur de leur base, les fortes proportions de leurs parties constituantes, font naître le sentiment d'une durée sans bornes, joint à une impression insurmontable d'immobilité. »

Les pyramides de Memphis sont au nombre de neuf. Les trois plus grandes sont attribuées à Chéops, à Cephren ou à Mykerinos ; des autres on ne cite pas les auteurs. La plus grande est la plus

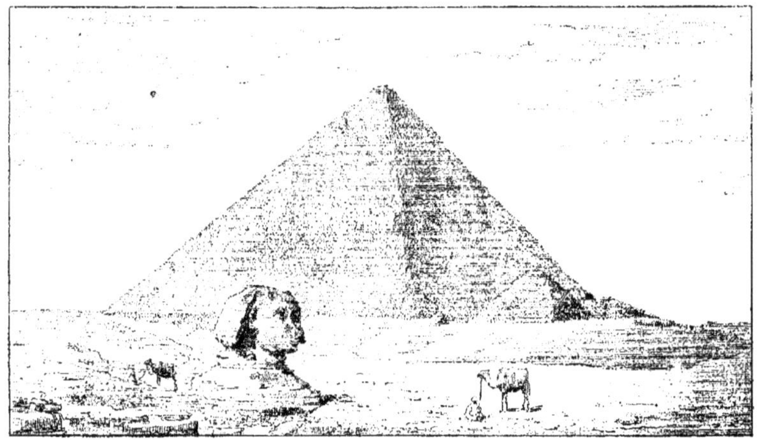

Fig. 5. — Grande pyramide de Ghizeh.

avancée vers le nord, et les plus récentes sont les plus rapprochées du midi. D'aucuns leur donnent jusqu'à 6000 ans d'âge ([2]). D'après Lepsius elles remonteraient à la 4ᵉ dynastie. En 1875, M. Chabas a rencontré un *cartouche* royal ([3]) jusqu'alors indéchiffré et y a reconnu celui de Mykerinos. Ce cartouche indiquait qu'à la 9ᵉ année du règne de ce monarque, eut lieu le lever héliaque de Sothis. Or la date de ce dernier phénomène a pu être calculée, ce qui permettrait

---

1. *Voyage d'Horace Vernet en Orient.*

2. Dieulafoy. — *Revue générale de l'architecture et des travaux publics,* année 1882, page 196.

3. On appelle cartouche dans les hiéroglyphes l'ensemble des signes, entourés d'un cercle, qui servent à distinguer un personnage.

de placer la 9ᵉ année du règne de Mykerinos (ou Menkerès) entre les années 3007 et 3010 avant Jésus-Christ ([1]).

Lepsius, Mariette et M. Dieulafoy ont montré que les pyramides ont été bâties par enveloppes successives.

Construites sur plan carré en pierre calcaire à nummulites compacte, tertiaire, elles ont perdu en grande partie leur revêtement extérieur de dalles polies et parfaitement appareillées. Elles se terminaient sans doute par un bloc de pierre aigu comme celui que conserve le British-museum et qui provient de la grande pyramide de Daschour.

Par une entrée soigneusement cachée, on avait accès sur des couloirs, fermés de distance en distance par de larges tables de granit, maintenues dans deux coulisses. Ces passages conduisaient à des chambres souterraines, taillées dans le roc, et à des salles ménagées dans la masse de la pyramide.

La plus grande pyramide, celle de *Chéops*, offre 205 gradins de 0,68 de hauteur sur 0,54 de saillie. Sa pointe a disparu ainsi que tout son revêtement, qui paraît avoir subsisté jusqu'au XIVᵉ siècle. La première assise est encastrée dans le roc naturel, taillé en forme de socle (fig. 6) ; le reste est construit en pierre de Thourah. L'ensemble atteint la hauteur prodigieuse de 137ᵐ30 sur une largeur de 227ᵐ37 à la base, selon les mesures relevées par le colonel Wyze. Cela représente un cube de 2,600,000ᵐ3. M. Maspero évalue à *144ᵐ60*, la hauteur originelle.

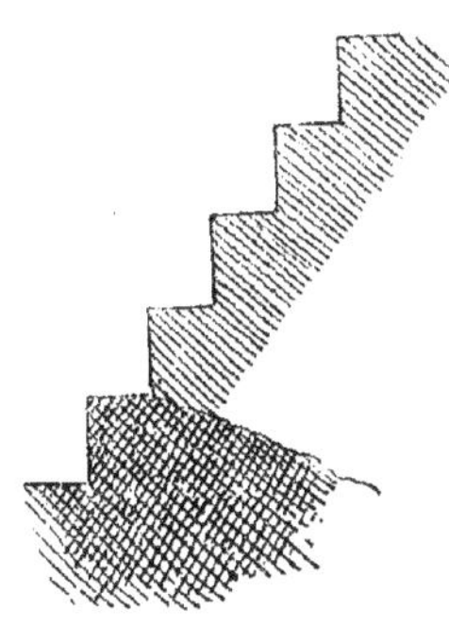

Fig. 6.

L'entrée de la pyramide se trouve au milieu de la face N. E., à 14ᵐ environ au-dessus de la base. Elle ressemble actuellement à l'entrée d'une carrière. Elle ouvre sur un couloir descendant, incliné à 27⁰, de 97ᵐ de longueur, qui plonge dans le roc naturel

---

1. V. de Saulcy. *Communication à l'Académie des Inscriptions et Belles-Lettres,* 1875.

et conduit à une salle inachevée, creusée en plein roc sous le sol (fig. 7).

Après avoir parcouru 22ᵐ de galerie en pente, on rencontre un autre couloir établi en rampe sur 33ᵐ de longueur, jusqu'au point

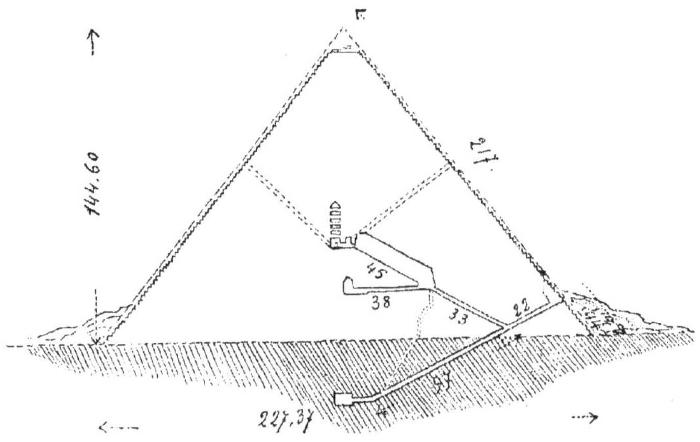

Fig. 7. — Coupe de la grande pyramide (¹).

où ce dernier se prolonge horizontalement; ce conduit, et les autres est revêtu de marbre blanc, poli, dégradé par la fumée des flambeaux des touristes. Enfin, après un parcours de 38ᵐoo, on pénètre dans une chambre vide, nommée *chambre de la reine*.

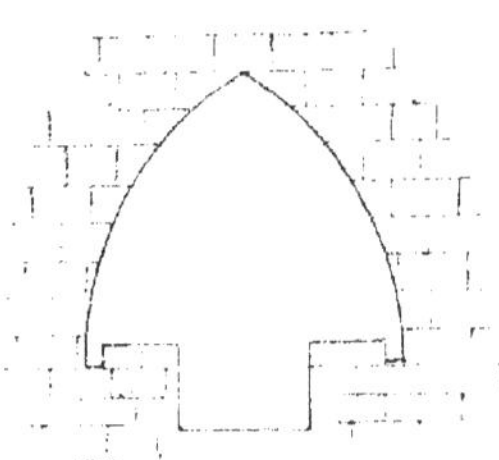

Fig. 8.
Coupe sur le grand couloir.

En retournant à l'origine du tronçon horizontal, on monte dans une galerie de 45ᵐoo fort élevée, garnie latéralement de banquettes. Huit assises de pierres disposées en encorbellement mais recoupées en profil cintré donnent au plafond de ce grand passage l'aspect d'un berceau gothique (fig. 8). A son extrémité se présente un palier, puis un vestibule percé d'une étroite ouverture : c'est l'entrée de la *chambre du roi*.

---

1. La largeur *primitive* de la base est d'environ 232ᵐ75, selon les mesures de Dufeu,

A l'endroit où ce dernier prend naissance, se trouve l'orifice d'un puits étroit qui descend à 16 mètres sous le niveau du sol à la rencontre du premier couloir en descente.

Dans le principe les passages avaient un parement en pierre de taille bien appareillée, et leurs embranchements étaient fermés par des blocs de calcaire maintenus dans des coulisses.

Revenons à la chambre du roi. Elle est construite en dalles de granit, taillées avec une précision admirable et polies. Elle a 29 pieds en hauteur, 32 en longueur, 16 en largeur. On y voit à l'extrémité occidentale une sorte d'auge de granit sans couvercle, qu'on dit être le sarcophage royal. Il a 7 pieds de largeur, 14 de longueur et 3½ de hauteur; le couvercle a été enlevé. Il rend le son d'une cloche quand on le frappe (¹). La chambre est ventilée par des conduits montant jusqu'au sommet de la pyramide.

Au-dessus de la chambre du roi, on a découvert l'existence de cinq cavités superposées de la même superficie, mais très basses, séparées par de grosses dalles, la dernière couverte en deux versants. Elles semblent avoir eu pour but de garantir surabondamment le caveau royal des dangers des surcharges supérieures. Ajoutons que l'entrée de la chambre du roi était fermée par 4 grandes pierres disposées en herses, susceptibles de glisser dans des rainures.

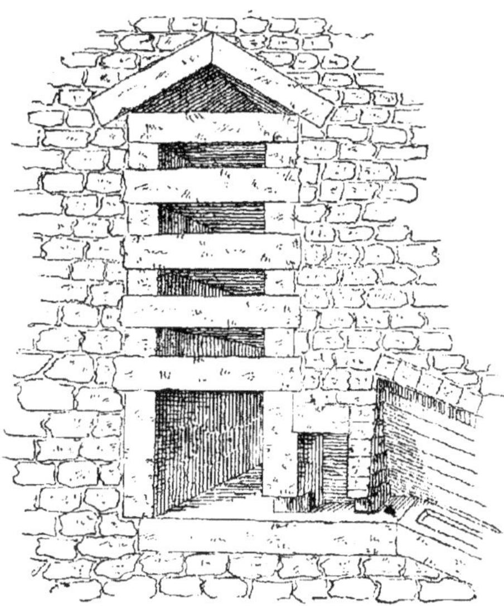

Fig. 9. — Coupe de la chambre du roi.

La multiplicité des couloirs et même des chambres paraît avoir eu pour but d'égarer et de dérouter les malfaiteurs, qui auraient tenté de profaner la sépulture. La chambre inférieure, inondée, aurait été destinée à servir de piège au profanateur qui pouvait ne pas apercevoir le puits, y tomber et s'y noyer.

La grande pyramide a coûté, selon Hérodote, 20 ans de travail à 60,000 ouvriers ; elle coûterait aujourd'hui *un milliard*, faite avec les outils imparfaits des Égyptiens d'alors (¹). L'idée seule des peines qu'ont coûtées l'extraction, la taille et le transport de ses matériaux étourdit la pensée.

On connaît encore trente-neuf pyramides situées dans la Basse-Égypte.

---

1. Dieulafoy. — V. *Revue gén. de l'arch.*, 1882, p. 197.

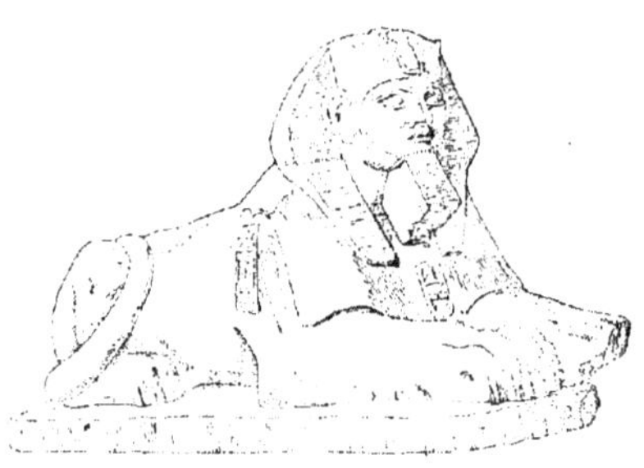

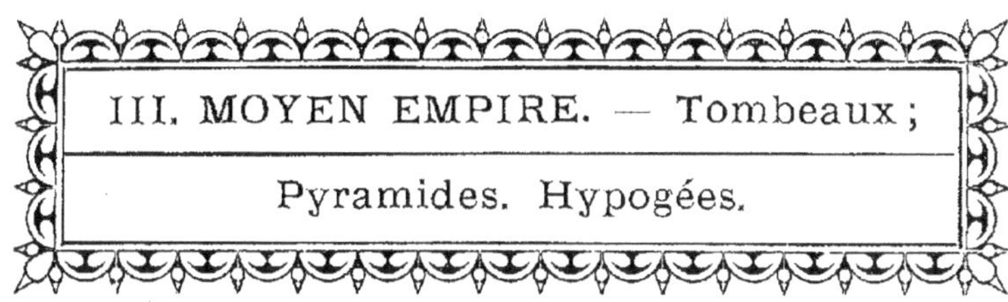

TOMBEAUX.

Nous avons vu que les tombeaux du premier empire consistaient en puits funéraires, en mastabas, en pyramides. — Les tombeaux du moyen empire sont des pyramides ou des hypogées.

PYRAMIDES.

11. — La plus importante des nécropoles du premier empire thébain est celle d'*Abydos*, dans la Haute-Égypte. C'était un lieu sacré, où l'ancienne croyance avait placé « la fente par laquelle, chaque soir, le soleil disparaissait, pour recommencer cette navigation souterraine, qui devait, le lendemain, le ramener, aussi jeune et radieux que la veille, au bord oriental du ciel » (¹).

Les Égyptiens assimilaient constamment la vie de l'homme à la course du soleil. En reposant là où le soleil semblait s'engloutir, sans s'éteindre, on croyait être plus sûr de triompher comme lui de l'ombre et de la mort. Aussi Abydos avait-il été le lieu de la sépulture vénérée d'Osiris, le Saint Sépulcre de l'Égypte.

Les sépultures étaient de deux sortes.

Dans la plaine les nécropoles étaient composées d'une multitude de petites pyramides de 5 à 6 m. de hauteur, à étage, évidées à l'intérieur en coupoles (non appareillées en voûtes). Elles étaient bâties en briques crues et mal orientées. Elles offraient une porte sur la face antérieure.

HYPOGÉES (²).

12. — On a donné le nom d'*hypogées* à des tombeaux creusés dans le flanc des montagnes de la Nubie, à mi-côté de la falaise au-dessus du fleuve. Ils s'annoncent par une façade taillée verticalement dans le rocher. Deux ou trois colonnes forment un portique surmonté d'une plate-bande. Le portique communique par une porte

---

1. V. Perrot et Chipiez, *ouv. cité.*
2. Ch. Blanc, *Voyage de la Haute-Égypte*, Paris, Laurens, 1877, pp. 166-173.

centrale avec une chambre, qui n'a pas d'autre jour, et dont le ciel est parfois taillé en forme de voûte, plus souvent en forme de plafond supporté par des piliers très simples réservés dans la masse du rocher. Au fond s'ouvre une niche destinée à recevoir la statue du défunt. Dans un angle est creusé un puits funéraire (fig. 10).

Dans cet asile destiné à recevoir des offrandes, le défunt est chez lui. Il est représenté partout, sur les parois, dans les bas-reliefs qui les couvrent, pêchant, chassant, gardant ses troupeaux, labourant la terre, exerçant sa profession. Des inscriptions contiennent les éléments de sa biographie. Toutes ces sculptures sont en reliefs méplats, et sont rehaussées de riches couleurs, aux tons vifs juxtaposés sans demi-teinte.

Parfois une galerie en pente douce, plus ou moins longue, mène à la chambre funéraire ; on pénétrait au besoin dans la montagne en galerie, jusqu'à ce qu'on rencontrât un roc assez dur pour y creuser l'hypogée. Les salles sont de formes diverses, mais en général rectangulaires en plan, autant que l'a permis l'homogénéité de la roche.

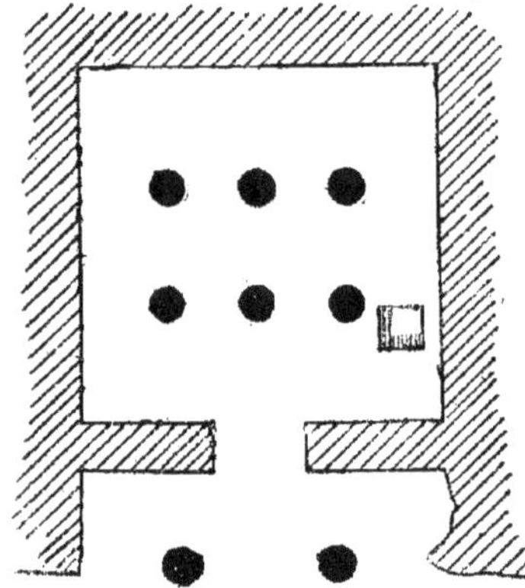

Fig. 10. — Plan d'un hypogée.

Les hypogées de Nubie, qui datent du moyen empire, notamment les 34 grottes qui sont groupées dans les rochers de *Beni-Hassan*, sont richement décorés. On peut les regarder comme un dépôt des connaissances de l'antiquité égyptienne. Ils offrent une multitude de tableaux sculptés figurant des rites funéraires, des scènes domestiques, des données scientifiques, astronomiques, etc.

C'est dans leurs péristyles que l'on trouve des colonnes ressemblant singulièrement à celles de l'ordre dorique grec et que l'on a nommées *protodoriques* (¹).

Elles ont, comme les colonnes grecques, un fût orné de cannelures, ici au nombre de 16. Elles posent sur un disque rond, plat et très

1. Charles Blanc, *Voyage de la Haute-Égypte*, pp. 281-284.

large. Elles portent l'architrave par l'intermédiaire d'un plateau carré, qui ressemble à un abaque, qui rappelle le chapiteau, mais qui n'est qu'un faux abaque : il appartient à l'architrave (fig. 11).

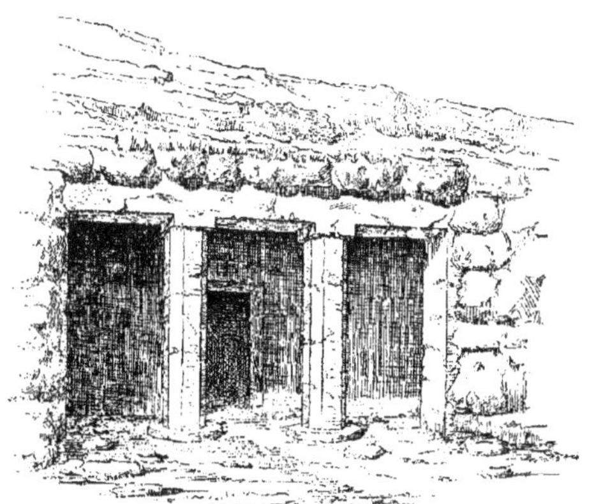

Fig. 11. — Hypogée à Beni-Hassan (portique à colonnes *protodoriques*).

Cette colonne a fait place bientôt à un autre type, imitant un faisceau de roseaux retenus sous le chapiteau par des liens. Ce chapiteau représente le bouton du *lotus*, ou de la fleur même du roseau, fleur symbolique reproduite partout par les Égyptiens, pour faire allusion à la fertilité de leur sol due aux crues du Nil.

La porte est régulièrement ornée d'un bas-relief, qui représente le *Soleil à tête de bélier*, symbole du soleil couchant, et de la mort, entrant dans l'hémisphère inférieur, et adoré par le défunt. Nephtys et Isis occupent les deux extrémités de la course du dieu Soleil. Celui-ci est accompagné d'un scarabée, symbole des renaissances successives.

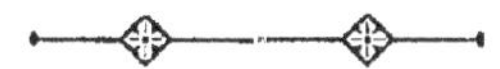

MONUMENTS BATIS.

13. — *Type de la hutte.* La première période de l'art égyptien, nous l'avons vu, a donné naissance en quelque sorte à un art de troglodytes ; les premières habitations, les premiers temples et tombeaux furent creusés dans le roc, en forme de *grottes.*

Mais quand le peuple se fut répandu dans la plaine et sur les rives fécondes du Nil, il se bâtit des demeures conformes à un autre des types primordiaux de l'habitation humaine, c'est-à-dire des *huttes* en limon consolidées à l'aide de roseaux.

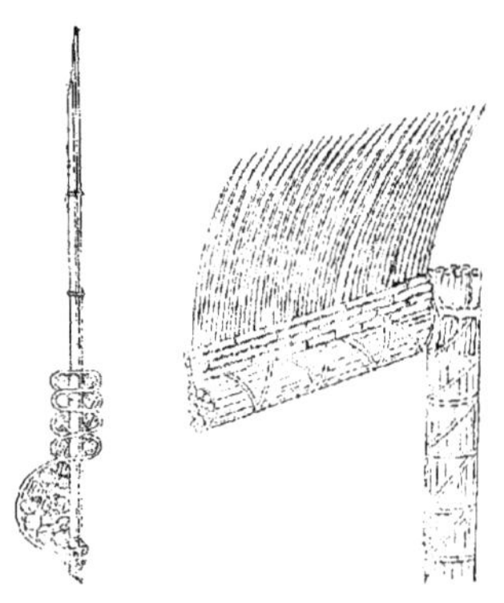

Élevées sur des terrasses à l'abri des inondations, ces huttes, au plan rectangulaire, offraient une sorte de carcasse composée de montants et de traverses formées de bottes de roseaux ; les croquis ci-contre (fig. 12 13 et 14) donnent une idée de leur confection et de leur assemblage. Leur ensemble constituait des claires-voies déterminant les plans des parois extérieures et intérieures de murs épais en *pisé ;* ceux-ci étaient élevés à l'intérieur de la carcasse, dont les membres étaient noyés dans le limon.

Fig. 12 et 13. — Construction de la corniche d'une hutte ([1]).

Des bottes de roseaux, saillantes aux angles, formaient comme des nervures pour protéger les arêtes ; d'autres couraient à l'arête supérieure, et servaient de base à une sorte de *herse* ou de palissade de roseaux, plantée dans les nervures horizontales ; contre cette palissade flexible on continuait à battre le pisé, jusqu'à l'extrémité

[1]. D'après Viollet le Duc.

supérieure. Sous la poussée du limon les roseaux se courbaient de façon à prendre la forme évasée, si caractéristique, d'une gorge couronnant extérieurement l'édifice, et abritant contre la pluie les parois extérieures de la hutte. Une terrasse de limon, portée sur des sommiers jointifs, abritait l'intérieur. La porte, petite, était surmontée de la cymaise à gorge.

La *hutte* était donc caractérisée par l'*épaisseur* de ses parois, par l'emploi de *faisceaux de joncs* ou de roseaux pour garantir les arêtes et marquer le couronnement des murs, par la forme en *talus* de ceux-ci, par la *puissante corniche* qui les surmonte, et enfin par la *ligne horizontale* marquant uniformément la terminaison de la construction, et qui est toujours *prédominante* (fig. 14).

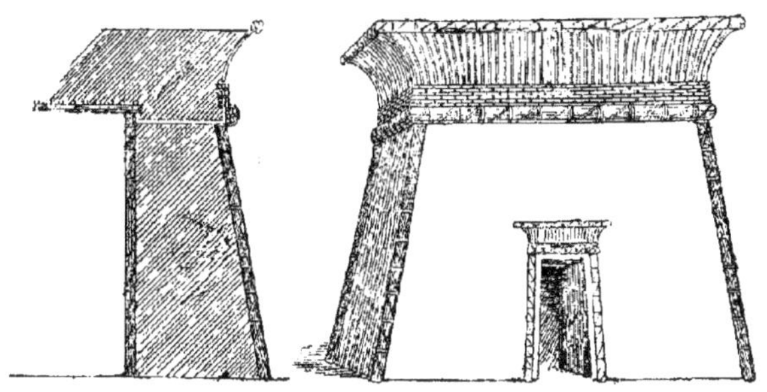

Fig. 14. — Coupe.   Croquis théorique d'une hutte.

Permanence de la forme de la hutte dans les grands édifices en pierre.

14. — Dans la *seconde période*, devenu riche et prospère, et voulant élever à ses dieux des temples majestueux, le peuple égyptien eut de nouveau recours à la pierre, qui ne lui faisait pas défaut.

On peut croire qu'un peuple qui change de matériaux, change en même temps ses formes constructives pour les approprier à ses matériaux. Mais il n'en est rien, et ici se vérifie une loi que nous constaterons plus d'une fois. *Tout style commence par être conforme au climat et aux matériaux propres au peuple qui le crée. Mais plus tard il maintient les formes originelles en dépit des changements de matériaux.* La routine est de tous les temps, l'habitude est plus puissante que la logique.

Aussi les temples égyptiens de la seconde période s'inspirent-ils sur toute la ligne des formes de la hutte.

. — Ils sont limités dans le sens vertical par une ligne générale de niveau s'étendant indéfiniment.

— Les murs sont èn talus, épais, aveugles.

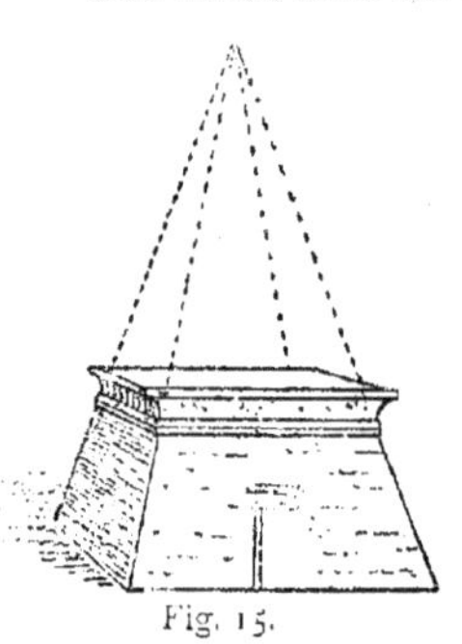

Fig. 15.

— La forme générale des édifices se rapproche toujours de celle d'une *masse pyramidale tronquée ;* en d'autres termes, les faces des murs affectent la forme d'un *trapèze* (fig. 15).

— Les colonnes figurent des bottes de roseaux serrés vers le haut par des liens.

— Les angles des pylones figurent des faisceaux de joncs reliés par des liens, rappelant parfaitement les fascines de roseaux avec lesquelles on avait consolidé les angles des huttes pour éviter les écornures.

— Tous les murs sont couronnés d'une moulure caractéristique qu'on nomme la *gorge égyptienne*, et dont nous venons de démontrer l'origine.

— Enfin, ce qui achève de caractériser cette architecture grave et sévère, c'est le petit nombre de baies d'éclairage. À ce point de vue elle constitue ce que nous avons appelé une architecture fermée. La fenêtre n'existe pour ainsi dire pas.

Mais un élément nouveau et des plus importants apparaît dans les temples : ils abondent en *portiques*. Ces portiques, à la différence des portiques grecs, n'offrent *aucune proportion* constante entre le diamètre et la hauteur des colonnes, entre cette hauteur et celle des entablements.

Le manoir des chefs, prototype du temple.

15. — L'ancienne maison fortifiée égyptienne, ce qu'on pourrait appler le *château*, comprenait, selon M. Rochemonteix (¹), trois parties :

---

1. Voir *L'Architecture*, 1891, n° 42

1º Un *réduit*, aux murailles épaisses et inclinées, ne prenant jour que par une porte fortifiée;

2º Un *pavillon* précédant le réduit, au plafond soutenu par des colonnes ;

3º Une *cour* avec galeries, en avant du pavillon, renfermée dans une enceinte dominée par des tours ou *pylones*.

Le réduit, c'est l'appartement sûr où dort le *chef*, où il s'enferme en cas de danger. Le pavillon est le *salamlik*, la salle d'apparat, où il siège avec ses amis et subalternes, où il donne audience et rend la justice. La cour d'honneur règne en avant, on y remise les chars.

Ces trois divisions se retrouvent avec une importance relative dans tout édifice religieux.

C'est qu'en effet un temple est à la fois un palais ; il ne diffère pas essentiellement du manoir d'un prince, puisqu'il est la résidence effective d'un être invisible, mais réel, et en quelque sorte corporel. C'est la demeure du dieu, sous la forme de son *Rhâ*, et des membres de sa famille ou du moins de leurs mânes.

Pour l'Égyptien, hommes défunts et dieux avaient mêmes besoins matériels, et la meilleure manière d'honorer celui qui avait quitté la terre, c'était de le traiter comme s'il y était encore, en rappelant dans sa nouvelle et définitive demeure l'aménagement de l'ancienne. Jamais peuple ne s'est raidi avec autant d'énergie que les Égyptiens contre l'anéantissement final et n'a attribué autant d'importance à la survivance de l'être ; mais il ne s'est jamais élevé jusqu'à l'idée chrétienne, qui conçoit l'âme incorporelle et le paradis des âmes.

Or le culte des dieux s'identifiait chez les Égyptiens avec celui de leurs ancêtres, dont les plus glorieux étaient déifiés ; leurs dieux leur apparaissaient souvent comme les mânes de leurs anciens rois. Le grand temple de Karnak, par exemple, était consacré à Ammon, ou plutôt à *Amon-Rhâ*, c'est-à-dire, à l'âme d'Ammon. Forme vivante ou forme morte, Ammon mangeait, buvait, s'habillait à la manière d'un grand chef des premiers temps. Le temple était son palais.

Aussi, dans le plan général des temples, distingue-t-on les trois parties de la demeure princière. Celle du fond est le *secos* ou *réduit*, contenant les appartements privés d'Ammon. La portion intermédiaire, comprise entre deux énormes pylones, forme le second élément, le *naos*, le pavillon ou *salamlik* du dieu ; c'est la salle *hypostyle ;* elle sert de lieu de réunion au clergé et aux princes qui l'adorent.

En avant, bordée par de longues galeries, défendue par un pylone plus haut encore que les deux autres, est la *cour*, ou *pronaos*.

LES GRANDS TEMPLES.

16. — Délivrée des *Hycsos* par Anémophis Ier l'an 1650 av. J.-C., l'Égypte fut réorganisée et soumise à un gouvernement régulier. L'art refleurit et atteignit son apogée sous les 16e, 17e et 18e dynasties, notamment sous le *nouvel empire thébain.*

Les constructions les plus importantes de cette époque sont de vastes enceintes élevées le long du Nil, tournant invariablement leur entrée vers le fleuve, dans lesquelles étaient contenus des sanctuaires, des appartements à l'usage des prêtres.

L'entrée était précédée du *dromos*, avenue de sphynx androcéphales ou de béliers gigantesques ; le dromos qui conduisait de Louqsor à Karnak avait 2 kil. et comprenait un millier de sphynx, espacés de 20 coudées.

Ces avenues conduisaient à l'entrée d'une enceinte extérieure en briques crues, qui, à Karnak, avait 10 m. d'épaisseur. Elle ne laissait rien voir, rien entendre, rien transpirer au dehors de ce qui se passait à l'intérieur.

17. — *Pylones*. En face de la porte de cette enceinte extérieure, s'élevait le *pylone*, qui reproduisait le type, colossalement agrandi, de la maison primitive en pisé. Il se composait de trois parties, une haute porte rectangulaire entre les deux énormes massifs pyramidaux, ou *tours*, aux faces en talus. Les trois parties sont couronnées d'une puissante corniche à gorge, formée d'un grand cavet qui surmonte un tore ; nous avons expliqué la genèse de sa forme (p. 23). Du pied des pylones s'élèvent des mâts d'une grande hauteur. Des escaliers tournant autour d'un noyau carré menaient, à l'étage des tours, à des chambres qui paraissent n'avoir servi qu'à la manœuvre de ces mâts. La porte est en saillie sur les tours ; celles-ci sont dépourvues de plinthe, comme les murs. Une terrasse, accessible par l'escalier que nous venons d'indiquer, régnait au-dessus des

pyramides du pylone, qui semblent avoir servi d'observatoire astronomique. Ces monuments sont parfois précédés d'*obélisques* de granit (¹) ; derrière sont adossées les statues colossales des rois qui les ont élevés.

Les arêtes saillantes du pylone sont ornées de tores figurant des faisceaux de roseaux retenus par des liens pareils à nos boudins de fascinage, tradition évidente de l'ancienne hutte. La gorge des corniches offre une décoration composée de tiges de roseaux, de

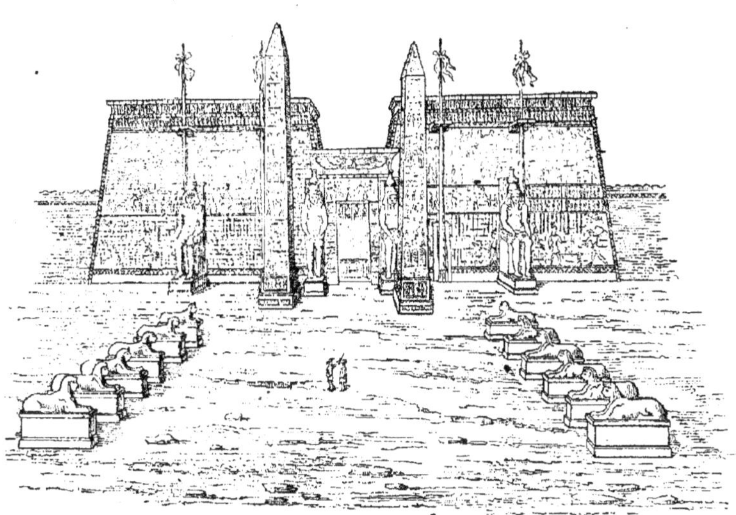

Fig. 16. — Entrée d'un temple.

fleurs de lotus et d'hiéroglyphes. L'image du soleil ailé orne toujours la gorge de la corniche.

Il y avait une série de pylones ; l'un, relié à l'enceinte extérieure, un autre à l'entrée de l'enceinte principale ; il y en avait en outre à l'entrée de la salle hypostyle, même parfois à l'arrière de cette

1. Il existe dans les carrières de Syène un obélisque tenant encore au rocher, qui permet de saisir sur le fait la façon dont les Égyptiens procédaient pour isoler ces immenses blocs monolithes du rocher dans lequel ils les taillaient. On pratiquait dans la partie unissant le rocher au bloc à isoler une gouttière très profonde, dans laquelle on perçait de distance en distance des trous où l'on chassait des coins en bois ; ceux-ci, étant mouillés se gonflaient également et faisaient sauter la pierre.

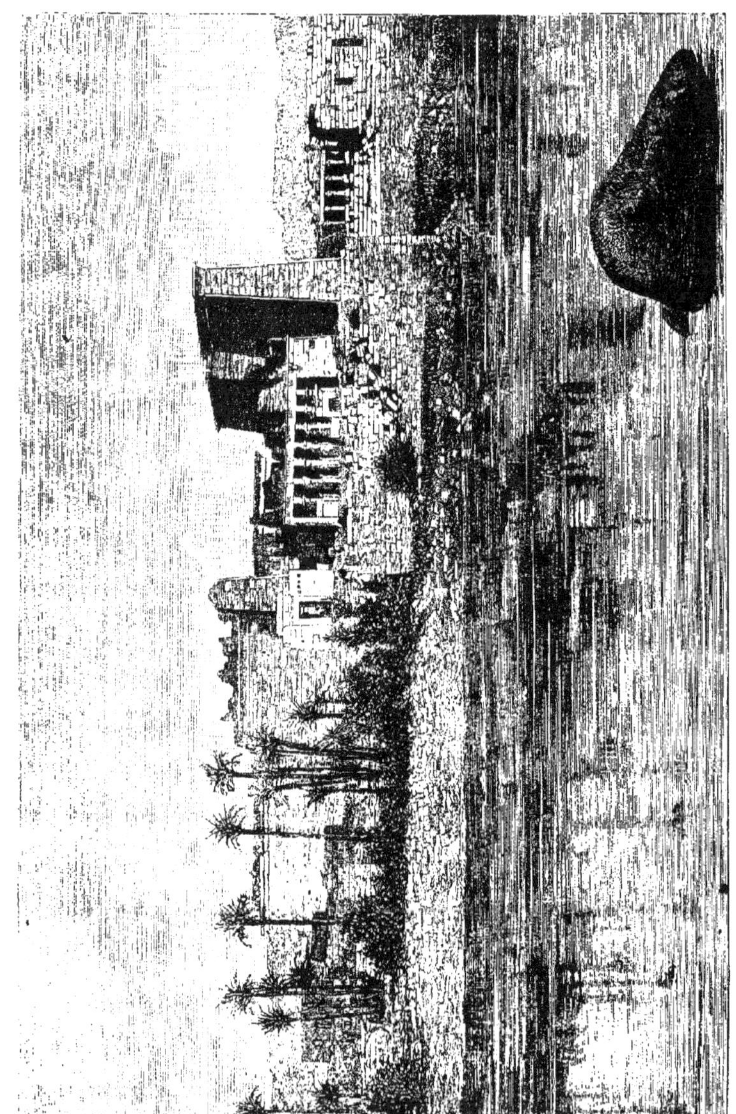

Fig. 17. — Temple de Philoe.

salle. Le plus colossal est l'avant-pylone du temple de *Khons* à Karnak, qui mesurait 44 m. de hauteur.

Au pylone d'entrée se relie le grand mur extérieur, dont les parois sont aveugles et disposées en talus. Quand on considère du dehors l'ensemble d'un temple, on n'aperçoit qu'un massif rectangulaire, étendu en longueur, dont les faces, pleines, inclinées, semblent vouloir se rejoindre pour mieux couvrir et cacher ce qu'ils renferment : c'est une gigantesque et mystérieuse boite.

18. — *Disposition intérieure*. Ces immenses édifices n'étaient pas des temples accessibles au peuple, mais des sanctuaires où l'on cachait les idoles, les symboles religieux, et où les souverains, quelques initiés et les prêtres avaient seuls accès. C'est par vénération pour la divinité, qu'on les ornait avec une richesse inouïe de tableaux représentant des actes d'adoration en même temps que les prouesses des rois. De ces temples des cortèges religieux sortaient dans une pompe éblouissante, pour se dérouler en procession dans l'enceinte extérieure, seule accessible au public.

Après avoir franchi le pylone d'entrée, par la porte centrale, que surmonte l'image symbolique du disque ailé du soleil, on arrive dans une vaste cour rectangulaire, entourée de murs contre lesquels sont adossés des portiques formés de colonnes avec entablements, surmontés de terrasses portées sur des dalles de marbre. C'est le *pronaos ;* le portique est supprimé dans les temples des époques les plus récentes.

Au fond de la cour s'ouvre la pièce principale, savoir une vaste salle couverte d'un plafond plat, que soutiennent des colonnes, au nombre de 8 dans un temple de Karnak, de 32, à Louqsor, et de 138 dans le grand temple de Karnak : c'est la salle *hypostyle* ou *naos*, la nef ou *cella* du temple.

A partir de là le temple se rétrécit, les murs latéraux se rapprochent, le plafond s'abaisse, parfois le sol remonte par gradins allongés. On arrive ainsi par la porte du fond dans un sanctuaire mystérieux ou *sécos*, et, par des portes latérales, dans une série de galeries et de salles, qui servaient probablement d'habitation aux prêtres. Dans le sanctuaire, privé de lumière, était conservée l'image redoutée de la divinité. Autour d'elle on ne rencontre presqu'aucune

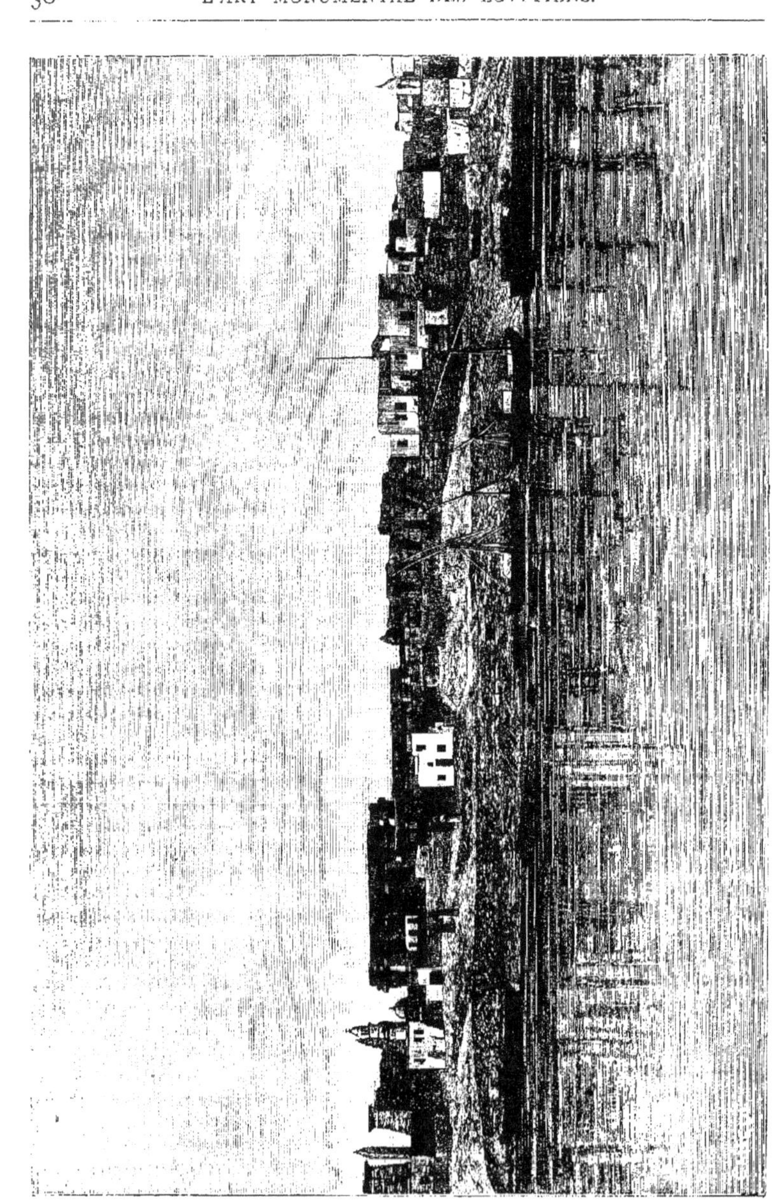

Fig. 18. — Temple de Louqsor.

sculpture. Ces immenses constructions, précédées d'avenues grandioses et de salles colossales, commencées d'une façon si imposante, finissent d'une manière mystérieuse, et dégénèrent en pièces nombreuses, étroites, sombres, compliquées, presque mesquines, qui constituent l'arrière du temple, et se prolongent loin derrière le sanctuaire.

Le sanctuaire ou *sécos* contenait une petite chapelle monolithe, ou *tabernacle*, fermée par une porte à deux battants, où l'on enfermait l'image de la divinité ; on en conserve un beau spécimen au musée de Turin.

Les pièces d'arrière, formées quelquefois d'une seconde salle hypostyle, et toujours d'une série de pièces obscures et fermées, servaient sans doute à rentrer les idoles, les emblèmes, tout l'appareil des pompes religieuses.

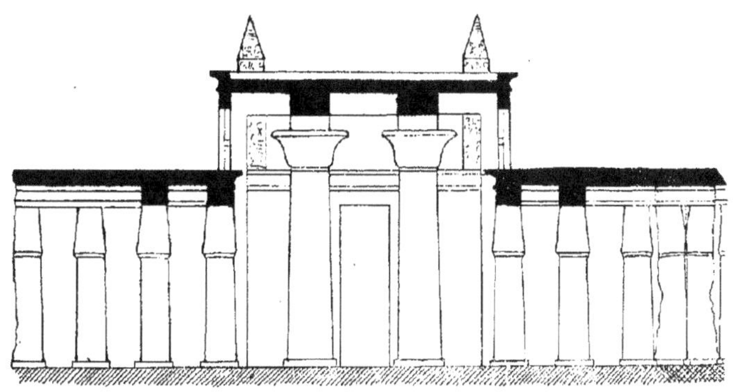

Fig. 19. — Coupe sur la salle hypostyle de Karnak.

Ce qui est caractéristique dans le *plan* du temple égyptien, c'est d'abord le *défaut de liaison* entre les différentes parties ; elles n'offrent que des *enveloppes* successives. Ce système d'*emboîtement* se manifeste jusque dans la façade, où la porte est intercalée sans division entre les deux tours.

La salle hypostyle est notablement plus élevée que le reste. Ses dimensions sont en général gigantesques. Ses colonnes ont jusqu'à 3^m,50 de diamètre, ses chapiteaux jusqu'à 7^m,00 de diamètre.

La lumière est prise par des sortes de soupiraux pratiqués dans le plafond de la salle hypostyle, pour suppléer au jour qui pénètre par la grande et unique porte de devant. Les vides pratiqués à cet effet, en regard des entrecolonnements, et réalisant la disposition nommée *hypétrale*, étaient fermés par des claires voies, et percés, comme le montre le croquis ci-avant, dans l'intervalle entre les plafonds des nefs latérales et le plafond plus élevé de la nef centrale. C'est ce qu'on nomme la disposition *hypétrale* (fig. 19).

19. — *Le décor* sculpté et peint est d'une grande richesse et exécuté avec un art remarquable, essentiellement conventionnel. Les colonnes sont taillées avec soin, et leurs chapiteaux sont parfaitement sculptés. Les murs du *pronaos* sont tapissés de bas-reliefs polychromes. A l'extérieur, des gravures rehaussées de couleurs couvrent les murs, et surtout la façade des pylones.

Toute la superficie des murs était recouverte de bandes sculptées, reproduisant des hiéroglyphes, des figurations historiques et religieuses, rehaussées de brillantes couleurs. Les sculptures de l'extérieur sont en relief dans le creux ; à l'intérieur elles sont tout à fait en relief.

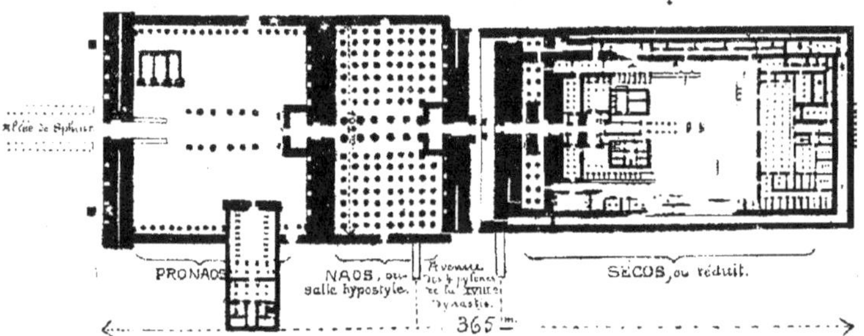

Fig. 20. — Plan du temple de Khons à Karnak.

20. — L'ensemble du grand *temple de Khons à Karnak* forme un rectangle de 365 m. de longueur sur une centaine de mètres de largeur. Il ne constitue pas une construction élevée d'un jet, mais le résultat de développements successifs et de nombreuses ajoutes ; c'est le propre des temples égyptiens, de former un ensemble extensible, auquel on pouvait ajouter successivement d'importantes annexes. Il est probable que les constructions de celui-ci représentent 1500 années d'agrandissements successifs.

On y retrouve les trois grandes divisions indiquées plus haut, savoir : le *pronaos*, ou cour entourée de portiques, le *naos* ou grande salle hypostyle, le *sécos* ou temple proprement dit, avec ses dépendances compliquées. Ce temple offre la disposition *hypétrale* dans la salle hypostyle.

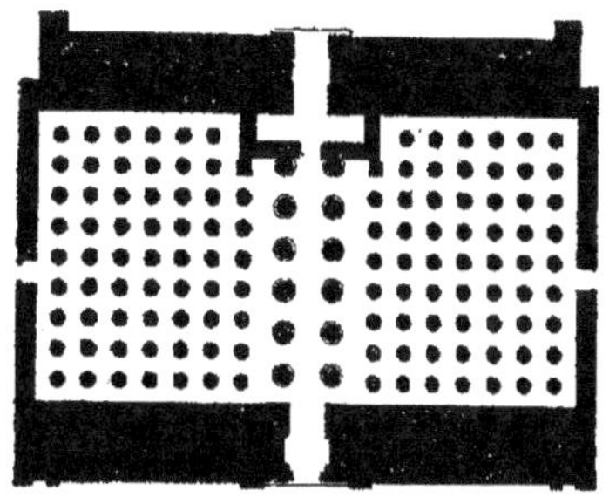

Fig. 21. — Plan de la salle hypostyle de Karnak.

Cette dernière est colossale : la cathédrale de Paris tiendrait à l'aise sur son emplacement. Son plafond est soutenu par 136 colonnes hautes de 24 m. dans la nef centrale, et ayant un diamètre de 3ᵐ,57, comme la colonne Trajane et la colonne Vendôme ; cent personnes pourraient se tenir ensemble assises sur le bord d'un de leurs chapiteaux, qui a 21 m. de tour ([1]).

« L'imagination, dit Champollion, qui en Europe s'élance bien au-dessus de nos portiques, s'arrête et tombe impuissante au pied des 140 colonnes de la salle hypostyle de Karnak. »

21. — Quoique de date relativement récente, le grand *temple d'Edfou* offre encore les trois parties principales, tandis que ses contemporains n'ont ordinairement pas de *pronaos ;* on accède directement à la salle hypostyle.

Le temple d'Edfou offre la disposition la plus régulière, et véritablement typique du temple égyptien. Nous en donnons ci-après le plan et une coupe longitudinale (fig. 22).

TOMBEAUX.

22. — Les temples et les tombeaux égyptiens de cette époque se confondent aisément. Les tombeaux des premiers rois sont devenus des temples, quand la vénération du peuple les eut mis au rang des dieux ; aussi certains tombeaux diffèrent-ils peu des temples proprement dits, en ce qui concerne la disposition générale ; ils en diffèrent surtout par l'importance. Les grands temples, comme celui de Karnak, ont été des monuments nationaux, des sanctuaires

---

1. V. Gast. Cougny, *L'art antique*, p. 102. — V. Wiebeking, *L'Architecture civile*, pl. XI.

privés, consacrés aux dieux protecteurs de l'Égypte, agrandis de siècle en siècle, successivement embellis.

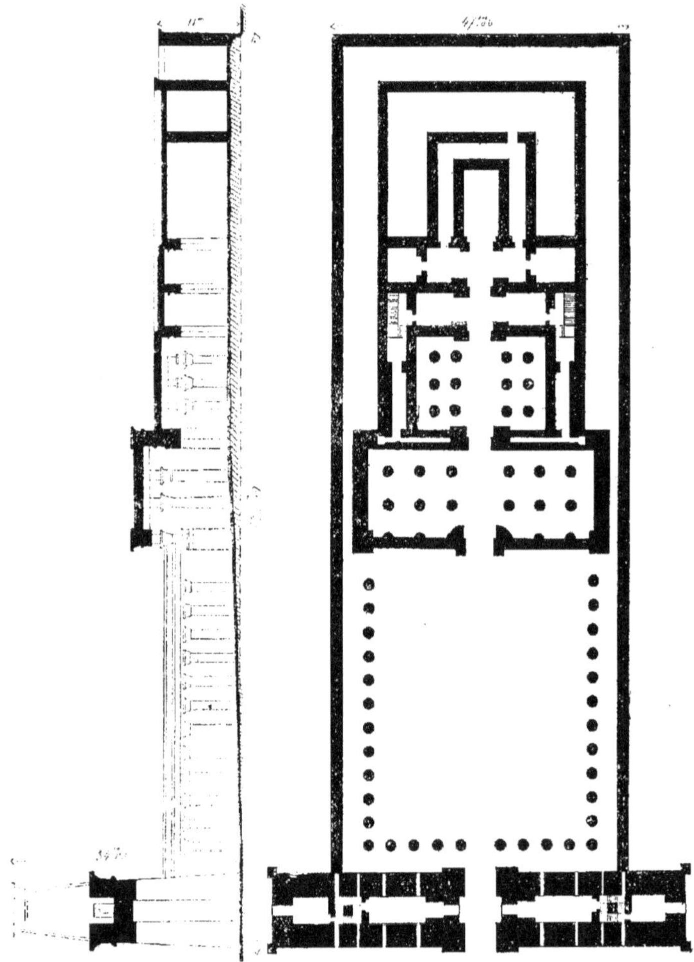

Fig. 22. — Plan et coupe du temple de Philoe.

Au contraire on rencontre sur la rive gauche du Nil, aux environs de Thèbes, les vestiges de temples d'un caractère particulier, appartenant tous à la brillante époque des 18e, 19e et 20e dynasties. Accomplis chacun dans l'espace d'un règne, ce sont des sanctuaires que les rois eux-mêmes ont élevés à leur propre gloire. Le fondateur de l'édifice s'y représente adorant les dieux et accomplissant les principaux actes de sa vie, ses chasses et ses conquêtes ([1]).

Tel est le *Ramesséum* ou tombeau d'Osymandias, ainsi que le tombeau de Ramsès III à Medineh Abou. C'étaient de vrais temples particuliers, élevés pour devenir des tombeaux, et analogues à la chapelle privée des mastabas. On croyait à la présence invisible du héros dans le monument où revivait son image ([2]).

23. — *Syringes*. La sépulture était complétée par le puits et le caveau, demeure éternelle de l'auguste momie. Cette seconde partie de la sépulture royale n'était pas moins luxueuse, mais elle était soigneusement cachée à tous les regards. Au pied de la falaise du sauvage ravin de Babel Molouk, dans les flancs des escarpements, sont percées de longues galeries, que les Grecs ont nommées *syringes*, terme expressif et pittoresque, le même mot qu'on emploie pour désigner le tuyau de la flûte. Les unes, au nombre de 25, sont des tombes royales ; les autres appartiennent à divers personnages considérables. Ces étranges et somptueux réduits sont conçus, comme les pyramides, sous la préoccupation de dérober à toutes les entreprises humaines la momie qui leur était confiée.

Les rois du premier empire avaient accumulé une montagne artificielle autour de leur tombe, et avaient voulu faire d'une gigantesque pyramide une enveloppe impénétrable, en y réservant un dédale de galeries bouchées ensuite. Les rois de Thèbes font la même œuvre en utilisant la montagne naturelle ; ils y *creusent* la galerie au lieu de la *réserver*.

Ces galeries étaient interrompues par des salles qui, dans leur pensée, devaient rester éternellement désertes et ignorées et qui étaient néanmoins merveilleusement décorées. Les meilleurs artistes y travaillaient dans le mystère, et le mort seul devait en jouir. La porte d'entrée est toute simple ; elle était sans doute dissimulée à l'aide des pierres amoncelées par devant. Plusieurs sont restées invisibles et ignorées à travers les siècles et n'ont été découvertes

---

1. Mariette, *Deir-el-Bahari*. Leipzig, 1877.
2. V. Perrot et Chipiez, *Hist. de l'art de l'antiquité*, t. I, p. 280.

que par les explorateurs modernes. Peut-être plusieurs syringes royales ont-elles encore échappé à leurs recherches. Dans la pensée de leur auteur, « aucun œil humain ne devait jouir, une fois l'œuvre terminée, de toutes ces merveilles emprisonnées dans une nuit éternelle (¹) ».

De grandes précautions étaient prises pour le cas où l'entrée aurait été forcée, à l'instar de celles que nous avons indiquées pour les pyramides. Ainsi, dans la syringe de Seti Iᵉʳ, la plus belle de toutes, tout est disposé pour dérouter le profanateur. Après avoir descendu deux escaliers et suivi deux couloirs richement décorés, on arrive à une chambre. Là un puits est creusé, comme pour contenir la momie ; il n'en est rien, il est destiné à barrer le passage et à égarer l'attention, devant un passage soigneusement bouché, qui donne accès à une autre série de salles et de galeries ; celles-ci conduisaient jusqu'à la chambre du sarcophage (²). Les entrées des différentes salles avaient été murées et cachées sous des décombres. Dans la salle même du sarcophage était un cercueil en albâtre, vide, le couvercle brisé ; c'était peut-être un faux sarcophage, placé là pour arrêter les chercheurs déçus. Les *couloirs* se prolongeaient plus loin, et la momie qui reste à trouver, doit avoir été déposée plus loin encore.

24. — Pendant cette période de vastes *hypogées* funéraires furent creusés non seulement à Thèbes, mais encore à Memphis, où résidait, comme vice-roi, un fils du souverain, spécialement consacré au culte de Phtah et de son double, Apis. Ce fut sous Ramsès II qu'on creusa dans le voisinage des pyramides, les souterrains du *Serapeum*, découverts par Mariette, où chaque « Apis » avait sa tombe isolée. Cette catacombe offrait une grande galerie bordée de chambres, qu'on murait à mesure des inhumations ; cela dura plus de 700 ans.

M. Grébaut, le directeur des fouilles archéologiques à Tell-el-Amarna pour le compte de la France, vient de découvrir une tombe royale de la 18ᵉ dynastie des rois d'Égypte, celle de Khouen-Aten. Cette sépulture se compose d'une galerie de 50 mètres de longueur environ sur laquelle s'embranchent deux couloirs aboutissant aux chambres sépulcrales de la reine et de sa fille

---

1. Perrot et Chipiez, *ouv. cité*, p. 289.
2. Belzoni, *Voyages en Égypte et en Nubie*, t. I, p. 373.

Aten-Magt. La galerie est terminée par une salle quadrangulaire qui devait contenir le sarcophage royal dont on n'a jusqu'ici retrouvé que les débris. Des traces de peintures et d'inscriptions ont été relevées sur les murailles; les couleurs ont disparu, mais le relief reste encore très net.

TEMPLES SOUTERRAINS, OU SPÉOS DE NUBIE.

25. — En Nubie, où le Nil coule entre deux chaînes de rochers, des temples analogues aux précédents étaient impossibles à construire. Nous rencontrons ici en grand nombre cette autre catégorie de

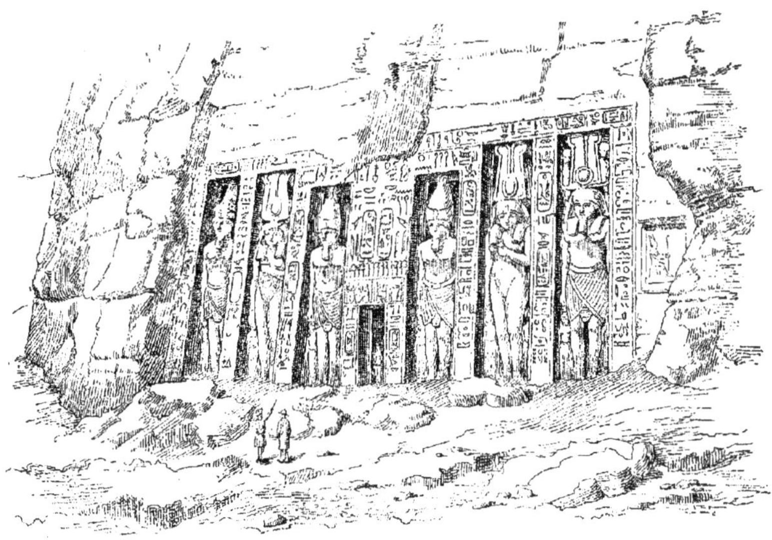

Fig. 23. — Spéos d'Athos à Ebsamboul.

monuments, creusés entièrement ou partiellement dans le roc, et qu'on appelle selon le cas, *spéos* ou hémi-*spéos*.

Les chapelles souterraines diffèrent entièrement des temples à pylones, tant par le plan que par la façade. Le principal décor de celle-ci consiste dans des statues colossales taillées en réserve dans la masse du rocher. Ces statues, gardiens muets de ces monuments, sont souvent assises, parfois debout, toujours de dimensions colossales. La porte d'entrée, relativement petite, unique et centrale, donne accès à une vaste salle portée sur des piliers et des architraves également taillés en réserve, et ornés de peintures et sculptures de la plus grande richesse. Au fond du temple s'ouvre le sanctuaire terminé par des niches ménagées pour les statues de divinités. Les temples de cette catégorie les plus remarquables sont ceux de la vallée d'*Abou-Sembil* ou *Ebsamboul*.

Le plus grand des spéos d'Ebsamboul est celui de *Sésostris*. Quatre statues assises de 37 m. de hauteur en gardent l'entrée; elles font partie du rocher auquel elles sont adossées.

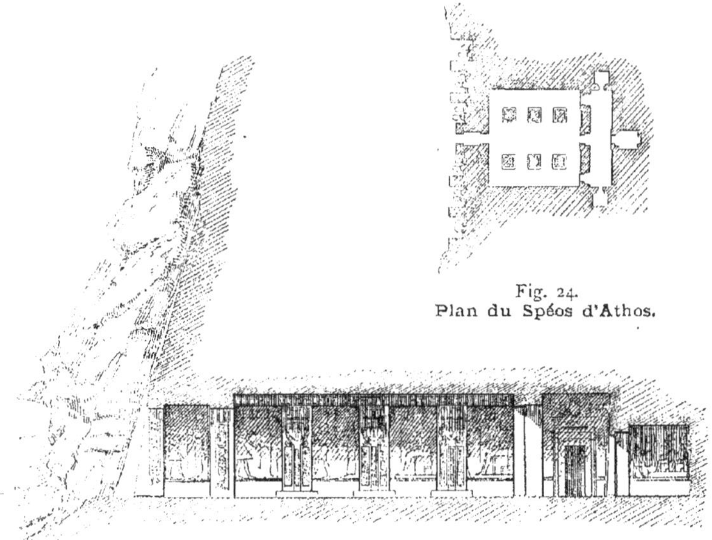

Fig. 24.
Plan du Spéos d'Athos.

Fig. 25. — Coupe du Spéos d'Athos.

La triple niche qui s'ouvre dans la pièce de fond ou *naos*, contient les images des divinités : *Ammon, Phré* et *Phta*. Les murs retracent les conquêtes de Sésostris. Le *pronaos* est soutenu par 8 grands piliers carrés et massifs ornés de personnages en pied. Le plafond du *naos* porte sur 4 piliers.

Les géants de pierre qui ornent la façade de ces temples souterrains sont taillés avec un art admirable, et ont le double mérite d'une conception hardie et d'une exécution parfaite. Dans le temple d'*Athos*, à Ebsamboul (fig. 24 et 25), ils sont debout, coiffés comme ceux de Sésostris, de mitres énormes. Ils se tiennent dans des cavités rectangulaires, entre des montants couverts d'hiéroglyphes.

Toutes ces sculptures représentent la belle époque de l'art égyptien. On peut voir au Louvre le pied, taillé dans le granit rouge, d'un de ces géants ; il ne mesure pas moins d'un mètre de longueur.

PÉRIODE DE DÉCADENCE.

26. — Après Sésostris commence la décadence de l'art égyptien, dont les traditions s'effacent sous la domination assyrienne et perse, et sous l'action de la civilisation grecque et romaine. Cependant entre les conquêtes de Cambyse et d'Alexandre, l'Égypte recouvra par moments son indépendance, et l'art connut quelques retours vers les traditions saïtes. Un demi-siècle avant la conquête grecque, fut bâti un petit édifice d'un type tout particulier, que l'on appelle quelquefois le *Temple du Sud* (¹). C'est la plus ancienne construction de l'île de Philoe, un des points les plus intéressants de la Vieille Égypte, situé près de la première cataracte aux confins de la Nubie. Philoe, où s'élevait le tombeau d'Osiris, était la terre sacrée par excellence. Ses plus anciens monuments datent des Pharaons (30ᵉ dynastie) ; les autres, des Ptolémées et de César.

Le *Temple du Sud* ne comprend qu'une seule salle rectangulaire entourée d'une colonnade à l'instar des temples grecs périptères. Les colonnes, au nombre de quatorze, sont très élégantes ; leurs entrecolonnements sont clôturés par une sorte de bahut, ou d'écran bas, s'élevant au tiers environ de la hauteur de la colonnade ; ces écrans sont richement décorés. L'édifice est consacré à Isis, dont le nom et l'image sont gravés partout. Il n'y a pas de plafond ; le portique enferme un enclos découvert.

Il existe un autre temple du même modèle, une réplique du précédent. C'est ce bel édifice, fort connu. qui se dresse sur la rive orientale de l'île, au milieu d'un bouquet de palmiers et que l'on appelle le *Lit de Pharaon*, ou le *Kiosque de Tibère*.

A part ce type original, qui marque en quelque sorte le dernier point de l'évolution du temple égyptien, les temples de la dernière époque se distinguent des plus anciens par la suppression du *pronaos* ou de la cour portique, et par une colonnade se montrant à l'extérieur.

---

1. Des ingénieurs anglais méditent de le déplacer, pour barrer le Nil.

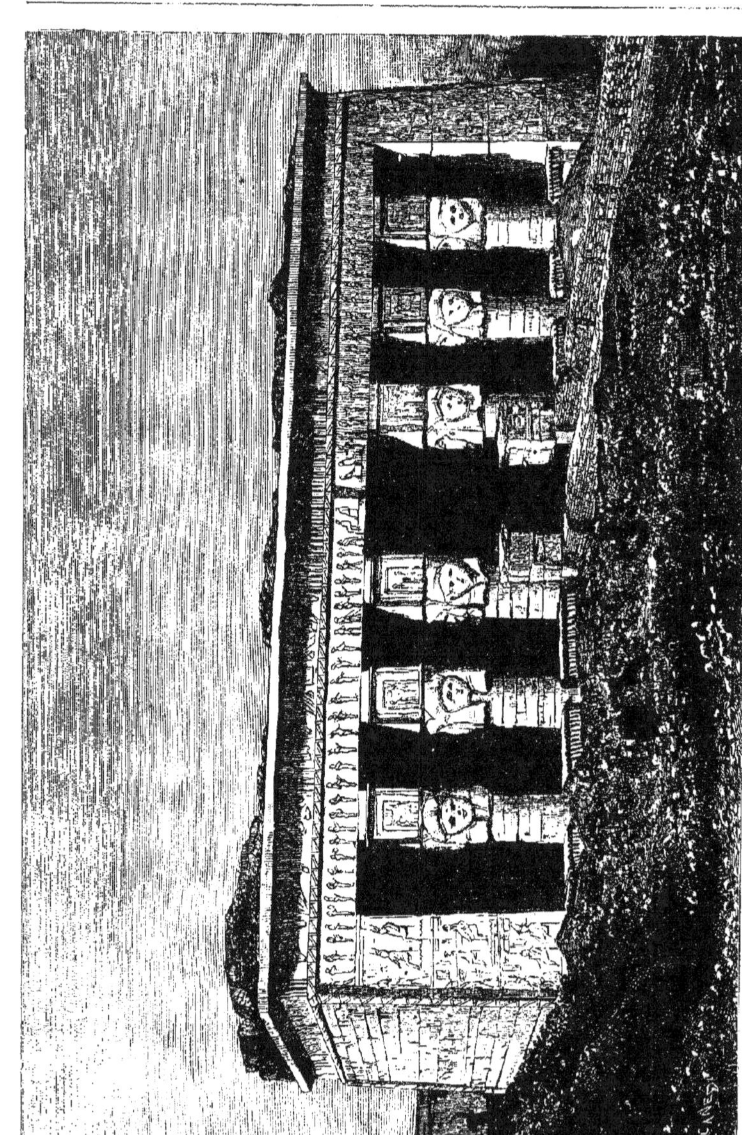

Fig. 26. — Le temple de Kathorou Isis, à Denderah ; d'après une photographie.

L'entrée se fait directement dans la salle hypostyle. Tels sont le temple de Denderah et le temple de l'Est de l'île de Philœ. Les colonnes sont à tête d'Isis. Les entrecolonnements sont clôturés, comme dans l'édifice que nous venons de décrire, par des écrans.

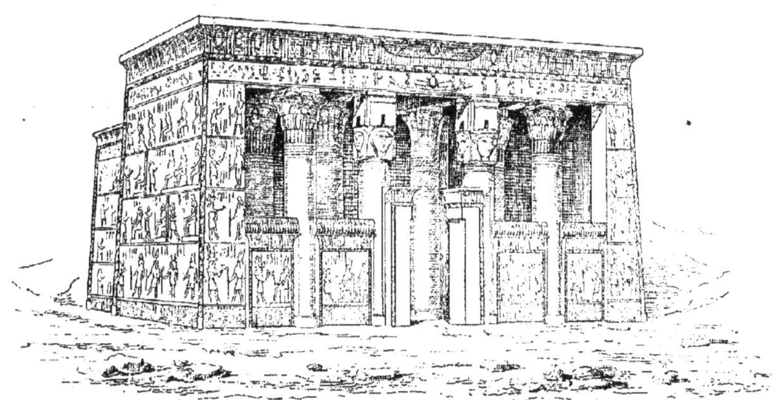

Fig. 27. — Temple de Philœe.

Le temple de *Denderah*, dont nous donnons une vue, ne mesure que 81 m. de longueur sur 42 m. de largeur. Il est célèbre par le zodiaque qui est peint sur l'un de ses plafonds.

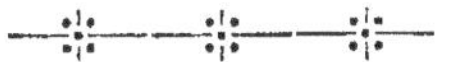

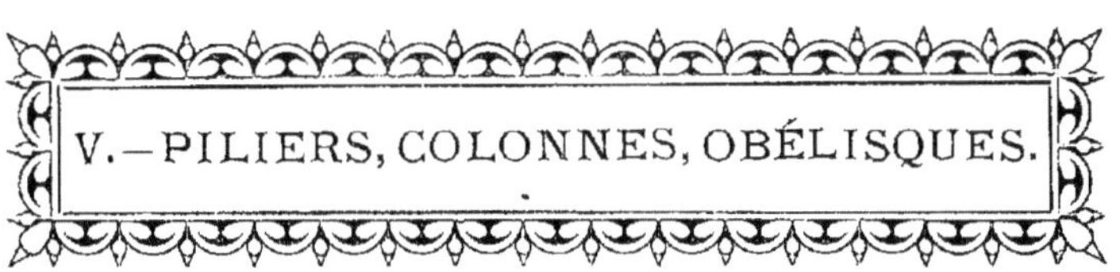

27. — Ce qu'il y a de plus caractéristique peut-être dans l'architecture égyptienne, ce sont les supports. Une des dispositions essentielles qui se rencontrent dans les monuments de ce pays, consiste dans les *portiques*, dans des rangées de colonnes bordant des galeries, ou formant la division des salles ; une disposition plus particulière encore est celle des *quinconces* de colonnes distribuées comme les arbres dans une plantation bien régulière, et supportant le plafond des salles *hypostyles*.

Les fûts des colonnes sont de différents genres. Il y en a de parfaitement cylindriques. Ceux dont le diamètre varie sont plus communs. Il y en a, où l'on reconnaît facilement une représentation du tronc du palmier ou d'un faisceau de roseaux ; ils sont renflés à la partie inférieure et coniques dans le reste de leur hauteur. Un genre de colonnes que l'on trouve dans les plus anciens monuments de l'Égypte sont celles qui présentent douze à seize faces longitudinales et qui, au lieu de chapiteaux, sont couronnées d'un simple abaque. On y a vu le type primitif de l'ordre grec dorique et on les a désignées sous le nom de *protodoriques*. On les voit dans les hypogées de Beni-Hassan, à Ameda, à Karnak, etc. Une variété de chapiteaux fort remarquables sont ceux qui présentent sur chaque face la tête d'Isis ([1]) ou d'Athor ([2]), la Vénus égyptienne, en relief.

Chose particulière, les supports n'ont pas de proportions réglées ; des supports de même genre et de même diamètre peuvent avoir des hauteurs très différentes ; de même les entrecolonnements varient, entre des colonnes ayant même diamètre et même hauteur. En cela l'art égyptien se différencie nettement de l'art grec. L'Égypte paraît n'avoir pas connu le *module* proprement dit.

Passons en revue les principaux types.

---

1. *Isis*, femme et sœur d'Osiris, lequel, ayant été tué par Set, fut ressuscité par les incantations d'Isis. Isis ressuscitée n'est autre qu'Horus, dont Isis devient la mère.

2. *Athor* personnifie l'éther dans lequel se meut le Soleil, dont Horus symbolise le lever. Athor est mère du Soleil, et nourrice d'Horus. Comme telle elle est confondue avec Isis. (V. F. Bosc, *Dict. de l'archéol. et des antiq.*)

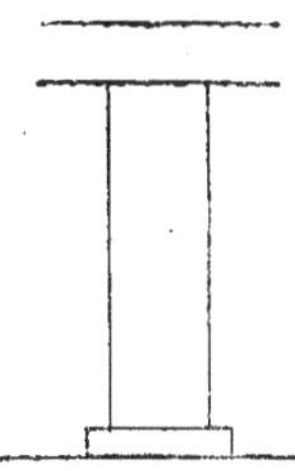

Fig. 28.

28. — Le *pilier quadrangulaire* est le plus ancien. Il est simple et lisse, ou se couvre de figures hiéroglyphiques, il prend souvent un chapiteau. (*Spéos de Phré à Ebsamboul.*) Parfois même il s'orne sur une de ses faces d'une figure colossale (fig. 29), debout, qui représente le roi, constructeur de l'édifice, avec l'attribut et la coiffure d'Osiris ([1]). Il s'appelle alors le *pilier osiriaque*, nommé quelquefois pilier cariatide, très improprement d'ailleurs, car le colosse en ronde bosse était adossé au pilier et ne portait pas l'entablement (mnémonium de Thèbes).

29. — Le support à *section polygonale* sert de transition entre le pilier et la colonne. Il dérive du pilier carré par l'abattage des angles. C'est un des piliers primitifs et le plus rationnel, (hypogée de Beni Hassan). Il offre huit ou seize faces. Les faces abattues s'interrompent un peu au-dessous de l'architrave, de manière à laisser une portion carrée faisant transition entre le fût et l'architrave, et à constituer un pseudo-abaque. On finit par creuser les faces, de manière à aviver les arêtes ; on eut ainsi des sortes de cannelures (fig. 30). C'est pourquoi Champollion a donné à ces piliers le nom de *colonnes protodoriques*, appellation que contestent MM. Perrot et Chipiez ([2]). Ils se rencontrent dans des temples, dont l'architecture, fort primitive, était sans doute passée de mode avant que les Grecs ne connussent l'art égyptien.

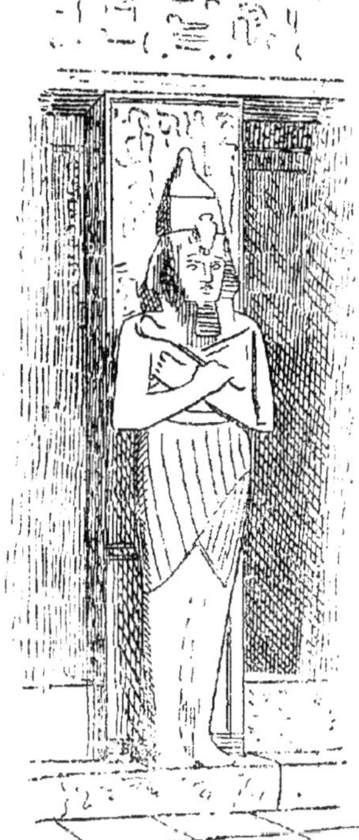

Fig. 29. — Pilier quadrangulaire du mnémonium de Thèbes ([3]).

Dans le temple de Karnak on a trouvé des colonnes au fût

---

1. *Osiris* est le père d'Horus, dieu du Bien, symbole du Soleil, du Nil et de la mort.
2. *Histoire de l'Art antique*, t. I, p. 551. — 3. D'après Gailhaband.

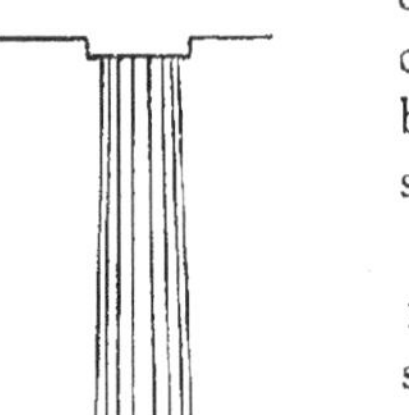

Fig. 30.

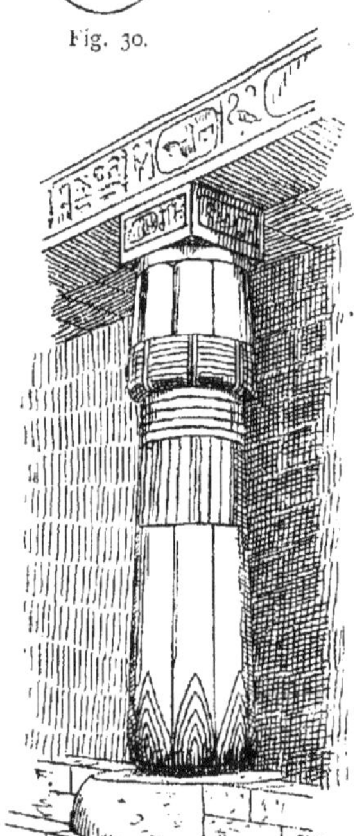

Fig. 31.— Colonne, type lotiforme.

cannelé imitant d'une manière plus exacte la colonne dorique avec un tailloir carré, l'échine bien caractérisée et au-dessous de celle-ci une série de liens.

30. — La *colonne* apparaît à partir de la 12ᵉ dynastie à côté du pilier. Curviligne de section, galbée, munie d'un chapiteau, elle n'a rien de commun avec celui-ci. De robustes rudentures disposées suivant un plan cruciforme mouvementent le fût et se prolongent dans le chapiteau. De minces baguettes occupent dans la partie supérieure les angles rentrants du fût. Celui-ci semble représenter un faisceau de roseaux ; il est couronné d'un chapiteau représentant un bouton fermé de lotus, fleur qui, avec le roseau, symbolisait, nous l'avons dit, les inondations du Nil ('), c'est-à-dire la fertilité du sol et la prospérité de l'Égypte (²). Pour rendre cette origine plus frappante la colonne s'enfle parfois et s'arrondit vers le bas, comme si le

---

1. Le lotus croissait dans le Nil ; il produisait une graine, d'où les Égyptiens tiraient une précieuse nourriture. Sa fleur, portée sur une tige qui s'infléchissait le soir, se fermait pour se plonger dans l'eau la nuit ; elle se redressait en s'épanouissant dès l'aurore. Ce jeu de la nature, décrit par les anciens botanistes, se retrouve clairement reproduit dans la coiffure du dieu Nil surmontée d'un bouquet de lotus ; ce dernier montre plusieurs pédoncules fleuris, les uns fièrement redressés, les autres inclinés sur leur tige pliée. (V. J. Van Malderghem, *Les fleurs de lis de l'ancienne monarchie française*, Bruxelles, 1894.)

2. Le *lotus* symbolise encore le renaissance du Soleil, la fécondation, la vie, la résurrection. Le dieu Horus, personnification du soleil levant, est représenté sortant du calice du lotus qui s'élance du sein des eaux. Trois tiges de lotus sortant d'un bassin symbolisent la Haute-Égypte. (V. Bosc,*ibid.*)

faisceau de roseaux fléchissait sous le poids. Il semble serré par des liens sous le chapiteau, et parfois en d'autres endroits de sa hauteur.

C'est le type *lotiforme*. Sous le nouvel empire, ce type s'altère. Les côtes du fût sont plus nombreuses et moins détachées ou tendent à disparaître. Toujours le chapiteau est surmonté du pseudo-abaque carré.

31. — Jusqu'ici le chapiteau affecte toujours la forme du bouton de lotus tronqué par le haut, renflé par le bas. Plus tard la fleur va s'épanouir et donner naissance à un nouveau type : nous arrivons au type *campaniforme*. Quand la décoration réclame plus de richesse, comme dans les salles hypostyles, le bouton de lotus est remplacé par la fleur ouverte qui affecte la forme d'une cloche renversée. Dans les plus anciennes colonnes le chapiteau est lisse, et les pétales de la fleur sont marqués en peinture ; plus tard la sculpture les met en relief (fig. 32). Le fût est cylindrique.

Le chapiteau campaniforme offre parfois aussi une sorte de corbeille très évasée et décorée de feuilles de palmier ou de papyrus (fig. 33). Il faut peut-être voir dans ce type l'origine du chapiteau corinthien.

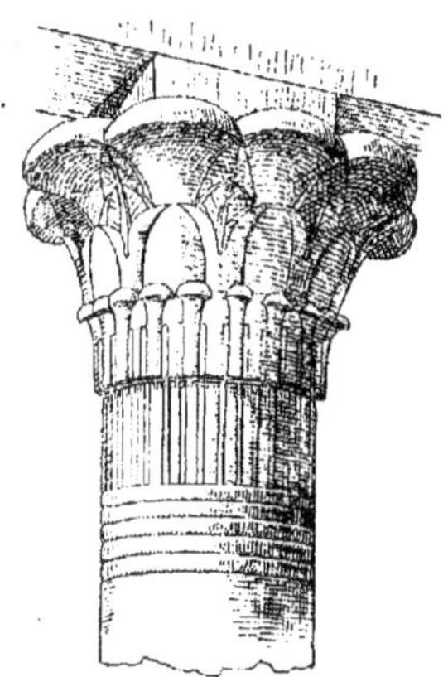

Fig. 32.
Chapiteau campaniforme.

Dans le chapiteau campaniforme, l'abaque est remplacé par un dé, dont la largeur est plus petite que le diamètre supérieur du chapiteau. « De tous les chapiteaux égyptiens, disent MM. Perrot et Chipiez, celui qui paraît au premier abord le mieux conçu, c'est le chapiteau campaniforme. Celui-ci, loin de se replier sur lui-même, projette hors du fût une courbe pleine de puissance et d'ampleur ; mais ce qui surprend, on peut dire ce qui choque le regard, c'est que l'architrave ne pose pas directement sur le plan supérieur de la campane ; elle en est séparée par un abaque, lequel ne recouvre qu'en partie cette surface circulaire........ On se demande pourquoi s'évase ainsi ce beau calice, dont les larges bords ne portent rien ; c'est comme une phrase commencée, qui ne s'achève point. »

Ce chapiteau ne se montra pas avant le second empire Thébain.

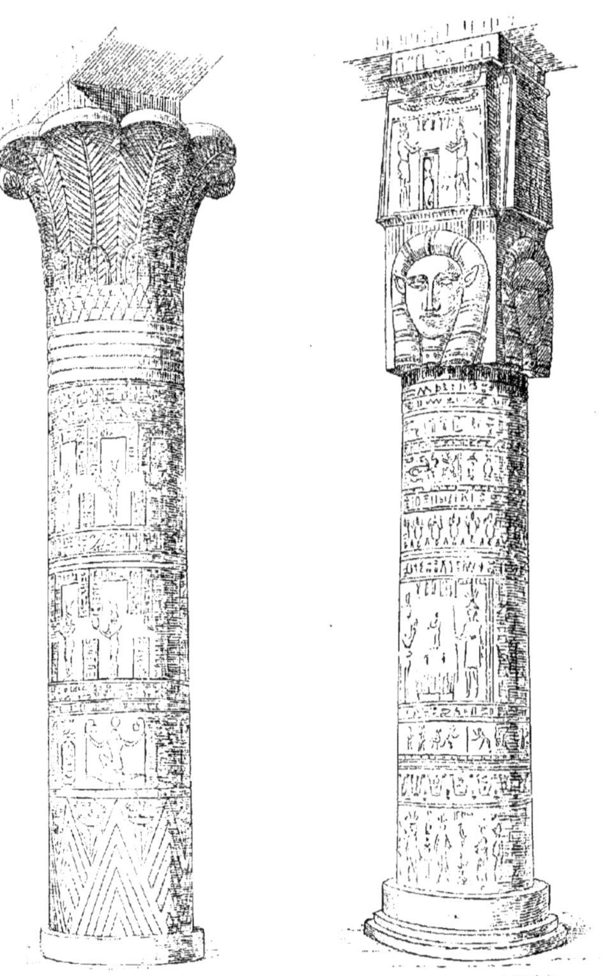

Fig. 33. — Colonne imitant le palmier.   Fig. 34. — Colonne à tête d'Isis.

32. — *Chapiteau à tête humaine.* Le 4e ordre date de l'époque la plus récente. Il offre un chapiteau en forme de tête d'*Isis* ou d'*Athor*,

se répétant sur les quatre faces, et ornée de la coiffure égyptienne. Au-dessus, servant d'abaque, est un édicule à quatre faces (').

LES OBÉLISQUES.

33. — On appelle ainsi de hauts monolithes de granit, de section carrée, légèrement pyramidaux et sveltes de proportions,

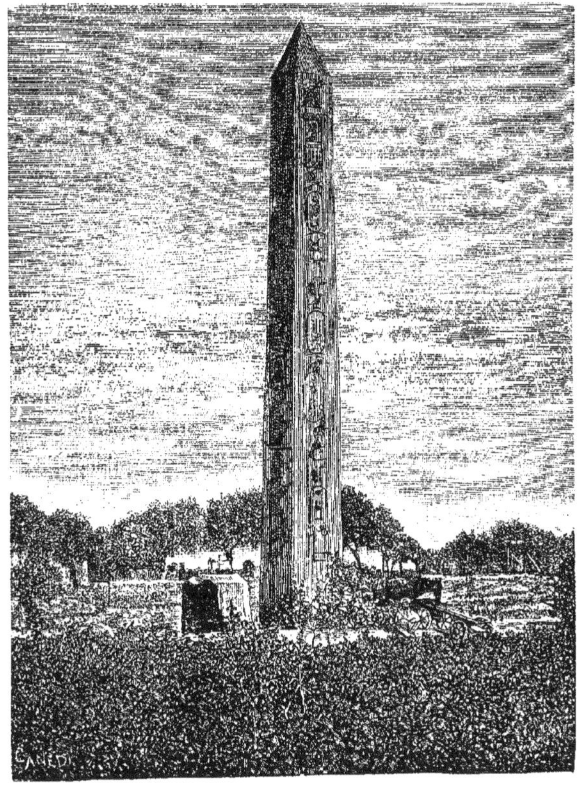

Fig. 35. — Reproduction de l'obélisque d'Héliopolis près du Caire.

terminés par un petit pyramidion, que les Égyptiens ont dressés par couples en avant du premier pylone de leurs temples. On n'a pas

1. G. Maspero, *L'Archéologie Égyptienne*, pp. 51-63 (Maison Quantin, 1887). — V. G. Cougny, *L'Art antiq.*, p. 92.

encore expliqué la signification symbolique qu'ils avaient probablement. Ils ont été employés aussi pour la décoration des palais. Ils sont couverts d'hiéroglyphes sur leurs quatre faces. Le plus grand des obélisques connus, celui d'Hatasou, à Karnak, a 33 m. 20 ; le plus ancien est celui de l'ancienne Héliopolis, à Mataryeh ; on y lit le nom d'Ousourtesin, de la 12ᵉ dynastie. Un des deux obélisques de Louqsor a été donné à la France par Mehemet-Ali et élevé sur la place de la Concorde ; il était primitivement terminé d'un pyramidion en bronze doré. L'Égypte a fourni à Rome, à Constantinople, à toutes les capitales du monde moderne des obélisques. Ils sont généralement placés, comme d'ailleurs celui de Paris, de la manière la plus malheureuse au point de vue de l'effet monumental. Plus artistes en cela que nous, les anciens Égyptiens, en les juxtaposant à leurs puissants et massifs pylones, ont eu l'habileté de produire un des plus remarquables effets de contraste que l'on rencontre dans aucun monument du monde ; ils ont fait ressortir à la fois l'élégante acuité de leurs aigrettes, et la majestueuse grandeur de leurs épaisses constructions.

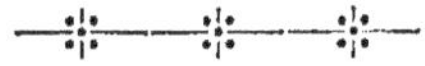

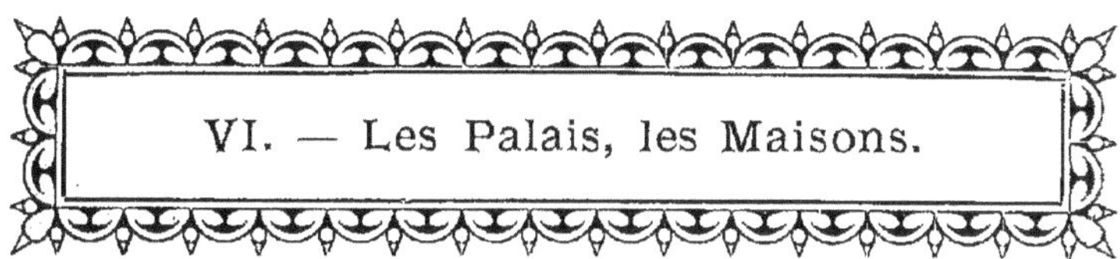

VI. — Les Palais, les Maisons.

34. — Avant Champollion, les auteurs désignent souvent comme des palais les grands temples égyptiens, tels que ceux de Karnak et de Louqsor. Les palais, qu'on ne connaît que par des indices, avaient probablement un caractère opposé à celui des temples. Les Égyptiens ont dû réserver aux tombeaux la solidité inébranlable de leurs massives constructions en pierre. Pour ces hommes si pénétrés de la pensée de la mort, le palais n'a dû être qu'une tente dressée durant le pèlerinage de la vie ; ce fut, selon MM. Perrot et Chipiez, une construction légère, en bois et en briques, décorée d'une manière riante. Elle comportait de vastes enclos, dont les hypogées de Tell-el-Amarna ont révélé les plans. Des dépendances, occupées par un personnel très nombreux et comprenant des magasins considérables, s'étendaient en arrière et des deux côtés des bâtiments principaux servant de logis au souverain et à sa famille. Les auteurs que nous venons de citer en ont tenté une restitution remarquable. C'est un ensemble de pavillons, que séparent de beaux jardins et des cours plantées. C'est presqu'une ville, une cité royale, régulièrement bâtie, et entourée de hautes murailles. Nous renvoyons le lecteur curieux à leur grand ouvrage (¹).

Les maisons antiques ont été moins épargnées encore que les palais ; il n'en reste pas la moindre trace. Les plus modestes paraissent avoir été précédées d'une cour, au fond de laquelle s'élevait le logis, ne comprenant qu'un rez-de-chaussée surmonté d'une terrasse, où l'on montait par un escalier extérieur. Telles sont encore beaucoup de maisons actuelles de l'Égypte.

Dans les habitations plus vastes, les chambres étaient rangées autour d'une cour et régulièrement distribuées sur deux ou trois de ses côtés. Elles avaient parfois un étage. Les pièces du rez de chaussée servaient aux besoins du ménage, celles de l'étage étaient habitées par la famille. Au-dessus régnait une terrasse ombragée par un toit léger que soutenaient des montants de bois.

« Les maisons étaient faites de briques crues composées de terre

---

1. *Histoire de l'Art dans l'antiquité*, t. I, p. 45.

grasse broyée avec de la paille hachée... Les plafonds des grandes pièces étaient en bois indigène ou étranger, les petites pièces étaient souvent voûtées. Les portes et les fenêtres étaient d'ordinaire à deux battants ; elles s'ouvraient en dedans, et se fermaient à l'aide de verrous et loquets. Quelques-unes avaient des rainures en bois, dans le genre de celles qui sont usitées de nos jours en Égypte. La plupart des portes intérieures n'avaient qu'une simple tenture, d'une étoffe légère. Quant à la décoration, les peintures des hypogées peuvent seules nous en donner une idée. Les galeries et les colonnes du porche étaient coloriées de façon à imiter la pierre ou le granit.

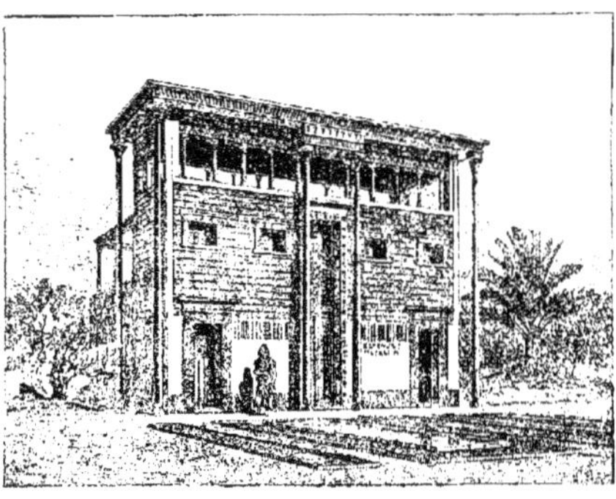

Fig. 36. — Maison égyptienne, d'après M. Garnier.

Les plafonds étaient décorés d'entrelacs, de méandres et d'ornements de toute espèce, tandis que sur les planchers étaient étendues des nattes tressées en joncs de couleurs (¹). »

Le logis était couvert d'un toit plat, offrant une terrasse d'où l'on jouissait de la fraîcheur des soirées. Les magasins étaient voûtés en coupole. La vignette ci-contre reproduit, d'après une publication de M. Lyon-Claesen (²), une maison égyptienne, telle que l'a conçue M. Ch. Garnier, pour l'histoire de l'habitation humaine (³).

1. Gailhabaud, *Monuments anciens et modernes*, 2ᵉ liv.

2. *L'habitation humaine.*

3. Les peintures des tombeaux offrent des représentations remarquables d'intérieurs habités, reproduits d'une manière toute conventionnelle. Champollion, Prisse, Wilkinson et d'autres archéologues en ont fait d'intéressants relevés. Interprétant une de ces figurations, que porte un tombeau de Thèbes, nous pourrons, à la suite de MM. Perrot et Chipiez, concevoir une idée assez complète de ces habitations entièrement disparues. Voici la porte extérieure, donnant accès dans l'enclos qui précède l'habitation ; puis le jardin avec ses arbres variés et sa treille. Des projections, naïvement développées, nous représentent l'extérieur d'une maison plus longue que large ; sa porte principale s'ouvre dans une des faces étroites ; dans une des longues faces s'ouvre une porte basse, surmontée de deux fenêtres et d'un étage à jour dont les minces colonnettes supportent le toit. L'autre petite façade possède également une porte. Le mur de la dernière est supposé enlevé pour laisser apercevoir l'intérieur. L'étage à jour ne s'étend pas jusqu'à ce côté, mais on aperçoit un grenier rempli de provisions. Ailleurs, notamment dans une tombe de Tell-el-Amarna, l'on trouve des sortes de plans cavaliers, donnant l'idée assez exacte d'une villa comportant différentes ailes disposées autour d'une cour carrée, et plusieurs bâtiments annexes, le tout entouré de jardins et renfermé dans un mur de clôture.

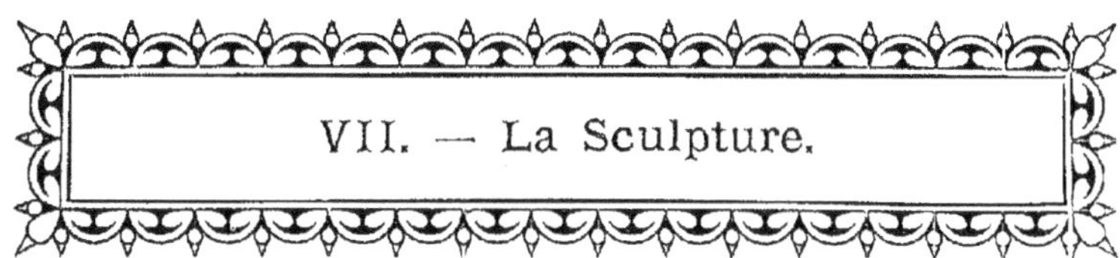

VII. — La Sculpture.

35. — Le caractère le plus frappant de la statuaire égyptienne est une certaine raideur solennelle, grandiose, voulue par raison de style et par un sentiment profond du rôle monumental de la sculpture associée à l'architecture. A la vérité, la sculpture doit être la servante docile de l'architecture, et les Égyptiens, envisageant les choses de haut, l'ont merveilleusement compris, comme d'ailleurs, en général, tous les peuples de l'antiquité.

« L'architecture, selon la remarque de M. E. Guillaume ([1]), est un art concret, qui contient en lui les germes de la peinture et de la sculpture. Ces deux éléments de l'architecture ne s'en sont séparés qu'à la longue, pour devenir des arts indépendants. Ils n'étaient dans le principe que des arts décoratifs. »

LES SPHYNX.

36. — C'est surtout sous la IVe dynastie que furent élevés les sphynx colossaux, que l'on rencontre avec étonnement dans les solitudes de l'Égypte, lions *androcéphales* (fig. 37), animaux à tête de *bélier* ou de *griffon*. Quelques-uns, cependant, remontent plus haut. Celui que l'on voit à côté de la grande pyramide est la statue la plus ancienne qu'on ait trouvée jusqu'à ce jour ; il appartient à la période antéhistorique, ainsi que le *temple du Sphynx*, ou temple de *Mariette*, qui l'avoisine ([2]). Ces deux monuments sont antérieurs aux premières dynasties. M. Lenormant appelle le Sphynx « le plus ancien monument du monde ». Il est certainement antérieur à Chéops.

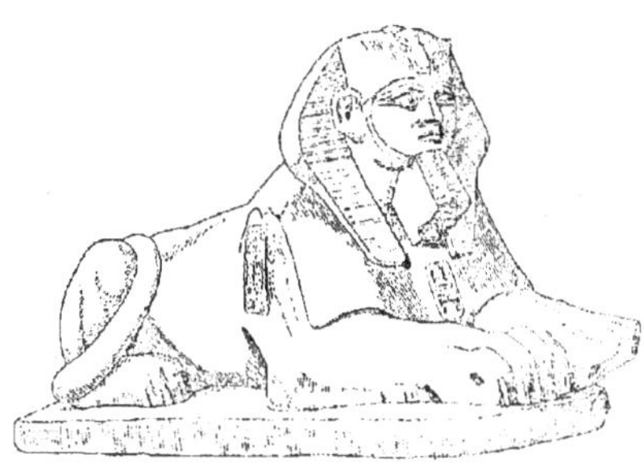

Fig. 37. — Type de sphynx.

---

1. *Histoire de l'art et de l'ornement*, conférences à l'École des Beaux-Arts, à Paris.

2. Mariette découvrit le *Temple du Sphynx*, temple de granit. M. Grébaut qui le fouille en ce moment, le croit contemporain du sphynx.

C'est un lion à tête humaine, taillé en plein roc naturel dans la partie de la chaîne lybique qui s'avance à l'Est vers la vallée du Nil. Ainsi que l'a démontré Mariette, il n'est pas élevé sur un socle. Sa longueur est de $\qquad$ 22^{m}oo

    Sa hauteur à la tête, de 20 —

    »   au dos   » 12 —

    Sa largeur   » 14 —

Ce grand sphynx (fig. 5, p. 14), la face tournée vers la vallée du Nil, semble garder les abords du vaste plateau sur lequel s'élèvent les pyramides et qui servit d'emplacement à une des immenses nécropoles de Memphis ([1]).

L'art qui a conçu et taillé cette statue prodigieuse en pleine montagne était, dit M. Maspero, un art complet, maître de lui-même, sûr de ses effets. Combien de siècles ne lui avait-il pas fallu, pour arriver à ce degré de maturité et de perfection !

LA STATUAIRE.

37. — Les plus anciennes sculptures, après ce spécimen hors ligne, semblent ne remonter qu'à la Ve dynastie et appartiennent à l'école de Memphis. Telle est la statue de Khâfri, au musée de Boulacq; telle aussi, la curieuse figure du *Sheikh-el-Beled* du même musée (fig. 38). C'est un *surintendant des travaux*, probablement un des chefs de corvée qui présidèrent à la bâtisse des grandes pyramides. On le voit surveillant ses manœuvres, debout, le bâton à la main; sa figure bourgeoise et vulgaire, contraste avec les physionomies altières de la plupart des autres statues égyptiennes, et révèle l'aptitude des artistes de l'époque, à saisir les types avec une remarquable vérité. Par un hasard singulier, il ressemblait au Sheikh-el-Beled, ou maire de Saquarah, au moment de la découverte ; de là le nom que les fellahs lui ont familièrement donné et qui lui est resté, même dans le monde de l'archéologie.

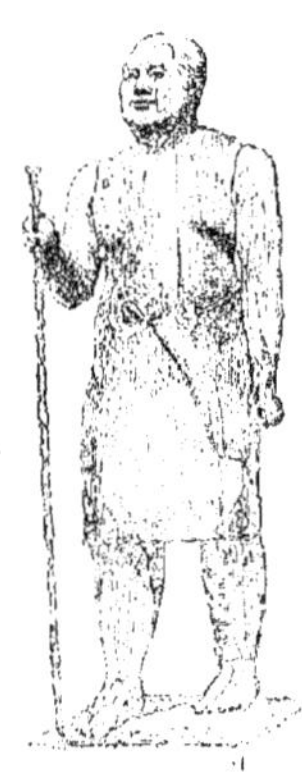

Fig. 38 ([2]).

---

1. V. B^n Royer de Dour, *Ann. de la Soc. d'arch. de Bruxelles*, 1892, p. 23.

2. Reproduit d'après l'*Architectural Record*.

A partir de la XIe dynastie, l'art plastique décline. Mais, sous les trois premières dynasties du *nouvel empire*, l'école thébaine fournit à elle seule plus de monuments que toutes les autres réunies : bas-reliefs, peintures, tableaux, statues des rois, sphynx colossaux. A présent, la sculpture se perfectionne, les figures sont mieux groupées, l'instinct du pittoresque s'éveille, le goût du colossal renaît. L'art égyptien, sous Ramsès II, est libre et fin ; il produit les admirables bas-reliefs du temple d'Abydos où le style le plus noble s'allie à de curieuses incorrections (voir les mains de Seti). Les beaux colosses en granit rose de la partie intérieure du premier pylone de Karnak, les portraits d'Harmhabi et d'une de ses femmes, au musée de Boulacq, sont irréprochables. La décadence reprit après Menephtah.

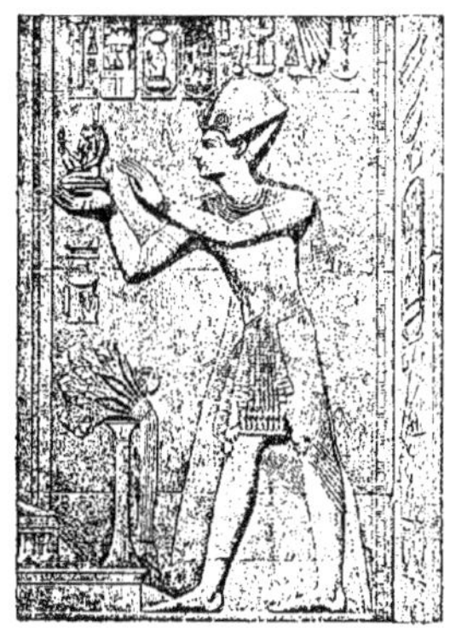

Fig. 39. — Séti, bas-relief du temple d'Abydos (¹).

L'école saïte provoqua, trois siècles plus tard, une nouvelle renaissance, et tira un merveilleux parti des roches basaltiques. « Ce n'est plus le faire large et savant de la première école menphite, ni la manière grandiose et souvent rude de la grande école thébaine ; les proportions du corps s'amincissent et s'allongent ; les membres perdent en vigueur ce qu'ils gagnent en élégance. Les têtes sont d'ailleurs d'une perfection qui rachète bien des défauts. » L'école saïte était partagée entre deux partis. L'un, archaïque, reprenant les traditions memphites au point que les produits des deux écoles se distinguent parfois difficilement ; l'autre, se rapprochait davantage de la nature.

Les pièces qu'on peut attribuer au règne des premiers Ptolémées ne diffèrent presque pas de celles de la bonne époque saïte. Mais bientôt l'influence de la Grèce se fait sentir. On trouve des figures grecques taillées à l'égyptienne. La sculpture égyptienne est au bout de son cycle tant de fois séculaire (²).

---

1. Reproduit d'après l'*Architectural Record*.
2. V. G. Maspero, *Archéologie égyptienne*, p. 214.

LES OBJETS D'ART.

38. — Les mobiliers funéraires des sépultures fouillées dans ces derniers temps ont apporté aux archéologues des monuments d'une valeur extraordinaire, autant par leur intérêt historique que par leur richesse intrinsèque. Le plus intéressant, peut-être, est celui de la pyramide de Daschour (¹), pyramide explorée en 1893 par M. Morgan, et qui appartient au tombeau de la princesse royale Noub-Hotepta-Khroudil (XIIe dynastie). En relatant cette découverte récente, nous donnerons en même temps au lecteur une idée de l'ensemble d'une sépulture royale de l'époque du moyen empire.

La chambre funéraire n'avait pas été touchée depuis 4500 ans. Son plafond aigu était revêtu de calcaire blanc de Tourah. Elle donnait accès à deux petites cellules superposées, où deux caisses de bois, ouvertes par des spoliateurs antiques, gisaient encore. La première, placée dans la petite chambre supérieure, affectait la forme du *naos* où étaient habituellement enfermées les statues des défunts, statues que venait, d'après la croyance antique, animer l'ombre du mort ou le Rha. On a retrouvé les offrandes alimentaires destinées au Rha : des pièces de viande embaumées, des plats aux mets desséchés. Des textes gravés sur de minces feuilles d'or ornaient ce monument. A la partie supérieure, *Houdit*, « le dieu grand qui lance ses rayons, le maître du ciel », était figuré sous la forme du disque ailé. Sur les montants se lisait le protocole royal (²).

Dans ce naos, couverte de poteries grossières, gisait une admirable statue en ébène massif plaquée d'or par endroits. Elle mesurait environ 1 mètre 20 centimètres de hauteur. La caisse était jonchée de menues offrandes, ombres de présents destinés à l'ombre d'un mort. C'étaient de simples représentations de bois. Çà et là se

---

1. A 30 kilomètres du Caire, au sud du groupe des pyramides de Sakkarah.

2. « L'Horus Hotep-ab, maître du vautour et de l'uræus, aux apparitions splendides, l'Horus d'or, splendeur des dieux, le roi de la haute et basse Égypte, maître des deux terres, celui qui ordonne ce qui convient, Fou-ab-ra, fils légitime du soleil qui l'aime, Hor, ombre royale vivante résidant dans Pameri (nom du tombeau), donnant la vie, la stabilité et la force. Il se réjouit sur le trône d'Horus des vivants comme le soleil éternellement. » V. *Gazette des Beaux-Arts*, mars 1894. — Alb. Gayet, *Le trésor de la pyramide de Daschour*.

voyaient des bâtons de commandement, souvenirs de fondations, de monuments ou de cérémonies royales, des flabella (sortes d'éventails à longs manches, qu'on voit souvent figurés dans les bas-reliefs des temples), des débris de vases, canopes et autres objets ayant fait partie d'un riche mobilier funéraire. On découvrit aussi deux textes gravés sur albâtre, dont les formules funéraires rappellent celles des pyramides d'Ounas et de Pepi.

Près de là un coffre renfermait les canopes. On appelle ainsi des vases qu'on plaçait dans les angles des tombeaux ; ils renfermaient généralement les viscères des défunts, qui étaient placés sous la protection de quatre génies symbolisés par des têtes d'animaux servant de couvercles aux canopes.

La momie, mal conservée, portait encore ses bijoux, colliers et ornements d'or, diadème d'argent ; le collier était orné d'une cinquantaine de pendentifs d'or, et terminé par deux têtes d'éperviers d'or, de grandeur naturelle. Vers la ceinture était un poignard à lame d'or, et aux bras et aux pieds, des bracelets en or ornés de cornalines et d'émeraudes. Les inscriptions ne disent pas si cette princesse a régné ; cependant, sa coiffure, formée d'un diadème d'argent incrusté de pierres, était ornée de l'uræus royal en or et d'une tête de vautour, emblème des reines.

Dans la cellule inférieure était une seconde caisse, en bois d'ébène, également garnie de lames d'or couvertes d'inscriptions. Là gisait la momie d'un roi dont l'existence fut inconnue jusqu'au jour de cette découverte Fou-ab-ro, fils du Soleil Hor. Malgré la visite clandestine des spoliateurs d'autrefois, la momie gisait encore presque intacte dans une épaisse couche de bitume. Un masque doré, aux yeux cristallins enchâssés de bronze, couvrait sa tête ; des pectoraux, des fibules plaquées d'or, toute une merveilleuse série d'ornements royaux ornaient encore la dépouille mortelle de l'ancien pharaon. Quelques réseaux de perle colorées, des cornalines et de nombreuses aiguilles en or massif furent aussi recueillis dans le sarcophage, non loin du maillet dont s'étaient servis les profanateurs.

Dans ce mobilier funéraire figurait notamment un pectoral en or massif, portant au centre le cartouche d'Ousertesen. Il est accolé de deux éperviers coiffés de la couronne de la Haute et de la Basse Égypte. Les signes du cartouche sont faits de cornaline, de lapislazuli et de turquoise. Les mêmes pierres précieuses sont employées à l'ornementation de toute la face extérieure du pectoral. Au revers, les mêmes signes et les mêmes ornements se reproduisent, mais ils sont en or ciselé. Ce bijou, l'un des plus beaux de l'art égyptien, est à coup sûr le plus ancien par la perfection de son travail, par les couleurs vives de ses gemmes et par sa conservation irréprochable ([1]).

Le musée du Louvre vient de faire l'acquisition d'une statuette en bois sculpté représentant une femme vêtue d'une robe transparente. Cette œuvre d'art, admirable de grâce, de finesse et de conservation, remonte, suivant les archéologues, à la dix-huitième dynastie des Pharaons. Le fini de l'exécution, la beauté des proportions du corps, l'état de conservation merveilleux de l'ensemble, font de cette pièce, au dire de M. Maspero, le plus remarquable morceau de sculpture qui ait été trouvé en Égypte, depuis le commencement du siècle. Cette petite figurine représente la prêtresse Toaï.

---

1. V. M. de Morgan, *Gazette des Beaux-Arts*, juillet 1894.

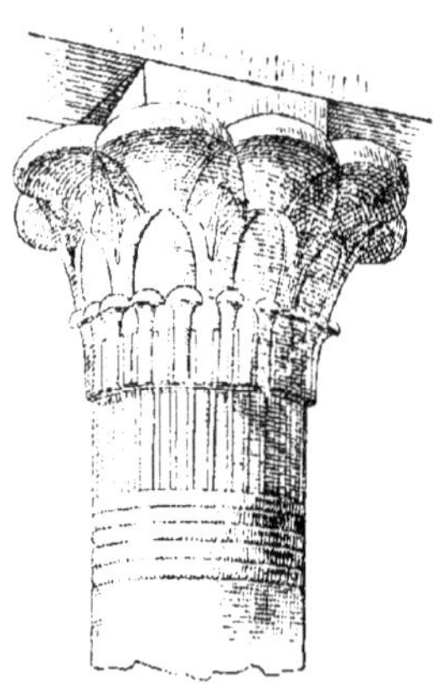

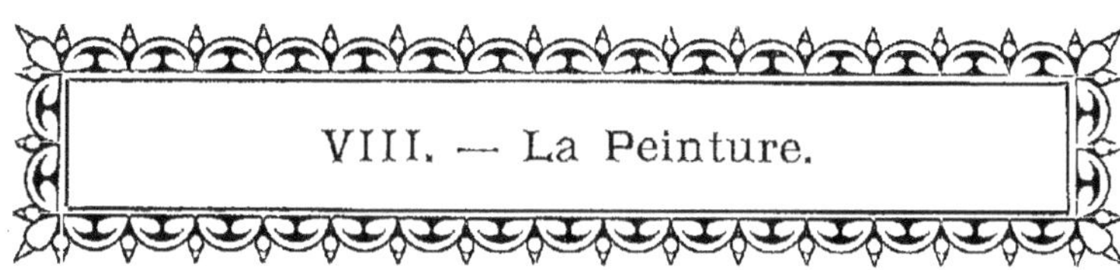

39. — Les Égyptiens ont décoré leurs palais, leurs temples et leurs tombeaux de figures rehaussées d'or et de vives couleurs. Ils peignaient l'extérieur et surtout l'intérieur de leurs édifices ; ils coloriaient leurs statues et leurs boîtes à momies. La peinture faisait partie intégrante de leurs figurations symboliques et formait un complément nécessaire de tout leur art monumental. Elle contribuait non seulement à l'effet, mais même à l'expression symbolique. Dans les hiéroglyphes, les mêmes signes de couleurs différentes avaient souvent des significations diverses ou même opposées.

Les ornements qui couvraient les parements des murs étaient exécutés en intaille, les sujets étant représentés par des creux ou en bas-reliefs de peu de saillie ; le tout était rehaussé de couleurs vives toujours appliquées sur un enduit ([1]).

Comme la statuaire, la peinture n'était en Égypte qu'un art secondaire, un complément de l'art architectural. Elle a toujours appelé la sculpture à son aide, demandant aux ciseaux d'indiquer les reliefs que le pinceau était impuissant à rendre. A toutes les époques cette union a été étroite entre les deux arts.

Les murs étaient couverts d'un système caractéristique de reliefs méplats affleurant les surfaces, ne faisant pas saillie sur le nu général du mur ; les tableaux ainsi tracés étaient rehaussés de teintes plates, des plus vives couleurs juxtaposées avec une hardiesse extrême.

Cette décoration en reliefs légers richement coloriés couvrait toute l'étendue des parois des édifices. Les figurations historiées constituaient comme de vastes pages écrites dans une langue imagée. La figure humaine et celle des animaux y jouaient un rôle considérable. Les surfaces dénuées de tableaux historiés et les colonnes elles-mêmes étaient du moins couvertes d'ornements polychromes, rappelant comme composition les décors des tapis orientaux. C'étaient des damiers, chers aux décorateurs de l'ancien empire, des méandres, qu'on retrouvera plus tard chez les Grecs,

1. V. Perrot et Chipiez, *Histoire de l'art*, t. I, p. 125.
2. E. Guillaume, *Conférences à l'École des Beaux-Arts de Paris.*

d'élégantes rosaces, des lignes sinueuses enroulées en volutes, déroulées en spirales. A ces éléments géométriques, se mêlent des palmes, des feuilles de fougère, toute la flore locale avec le traditionnel lotus, le scarabée cher aux Égyptiens ; le globe du soleil ailé et couronné de serpents, décorait les corniches en se détachant sur une gorge ornée de canaux, etc. (¹).

Pour se rendre compte de l'effet de ces peintures à tons riches et chauds sur fonds blancs, il faut se figurer dans leur intégrité et leur splendeur les intérieurs des temples, tels que ceux de Karnak, où la lumière n'arrivait que par de rares ouvertures. Sous les rayons éclatants d'un soleil splendide, le moindre filet dérobé à la lumière directe produit des reflets supérieurs à ceux de la lumière diffuse de nos climats. Les décorations intaillées et coloriées des parements prenaient ainsi une chaude tonalité dont nous nous faisons difficilement l'idée.

Cette décoration n'était pas moins favorable aux grands effets de l'extérieur, où elle produisait de merveilleuses colorations. Il n'est pas d'art qui ait adopté une décoration plus propre à profiter de l'intensité de la lumière solaire. On sait, remarque Viollet-le-Duc, que sous un climat ensoleillé, où la lumière est vive et l'air très pur, on se rend difficilement compte des plans. Les demi-teintes se perdent et se confondent soit avec les parties éclairées, soit avec celles laissées dans l'ombre. Il convient donc d'adopter des partis très larges et d'éviter ces demi-teintes, destinées à être dévorées par le soleil. C'est pourquoi les Égyptiens évitent les rondes bosses à l'intérieur ; au dehors cependant se dressent des statues colossales qui participent de l'architecture par leur style hiératique.

40. — A côté de cette peinture conventionnelle et puissamment stylisée on rencontre un art plus réalistique. Le menu peuple des artistes excellait au maniement de la brosse et du ciseau, et les tableaux qu'il a laissés en grand nombre témoignent de leur habileté. Le relief en est léger, la couleur sobre, et la composition bien entendue. Les architectures, les arbres, les terrains sont traités avec une grande vérité. Les six panneaux en bois du tombeau d'Hosi au musée de Boulacq sont des spécimens hors ligne du genre. Ils comportent encore l'alliance du relief et de la couleur ; mais on sait que les

---

1. V. E. Guillaume, *Conférences à l'École des Beaux-Arts.*

sépultures, notamment les nécropoles de Fagoum et de Hauara, ont livré des portraits peints sur panneaux lisses de bois, tout à fait réalistiques et comparables aux œuvres de la peinture moderne.

Cet art spécial se développa surtout à l'époque gréco-romaine, sous les Ptolémées et les successeurs d'Auguste. Les tableaux les plus anciens sont peints à l'encaustique, les plus récents, à la détrempe. Les portraits étaient enchâssés dans les bandelettes de la momie, sur la face du défunt ([1]).

DÉCORATION CÉRAMIQUE.

41. — La décoration des villas et palais avait pour base les revêtements céramiques abondamment décorés, et les peintures à fresque.

Le temple et le tombeau, construits pour l'éternité, ne devaient donner prise à aucune atteinte du temps ni des hommes ; les Égyptiens avaient une trop haute idée de leur destination perpétuelle, pour y employer des matériaux fragiles comme la faïence, la brique émaillée et les enduits peints.

Par contre les habitations somptueuses que les rois élevaient à la campagne, souvent improvisées au gré de leur caprice, élevées rapidement comme un décor de féerie, étaient construites en brique, et ornées de peintures murales sur crépi et de plaques de faïences couvertes de pompeux ornements. C'est à cause de la fragilité de ces matériaux que tous les palais ont disparu, tandis que le temple et les tombeaux sont restés debout, parfois presqu'intacts.

On a d'abord pensé que l'Assyrie avait eu le monopole de la faïence monumentale. Des recherches récentes ont prouvé que dès la plus haute antiquité elle a servi à la décoration architecturale de l'Égypte. M. A. Gayet ([2]) incline même à croire, que les Assyriens empruntèrent aux bords du Nil cet art, dont ils ont tiré un parti merveilleux. Nous verrons que dans les palais assyriens le revêtement céramique remplissait l'intérieur du palais et du temple. Les Égyptiens l'ont banni de leurs temples ; dans les palais même elle jouait un rôle accessoire, mais caractéristique. Il servait à l'encadrement des fresques, dont le mur était couvert ; il formait en quelque sorte l'ossature de la décoration polychrome civile.

---

1. A. Blomme, *Bulletin monumental*, année 1894, p. 92.
2. V. Al. Gayet, *Gazette des Beaux-Arts*, 1894, pp. 54 à 66.

TABLE DES MATIERES.

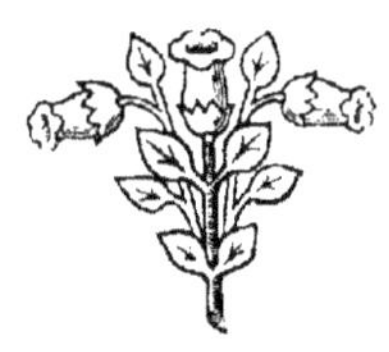

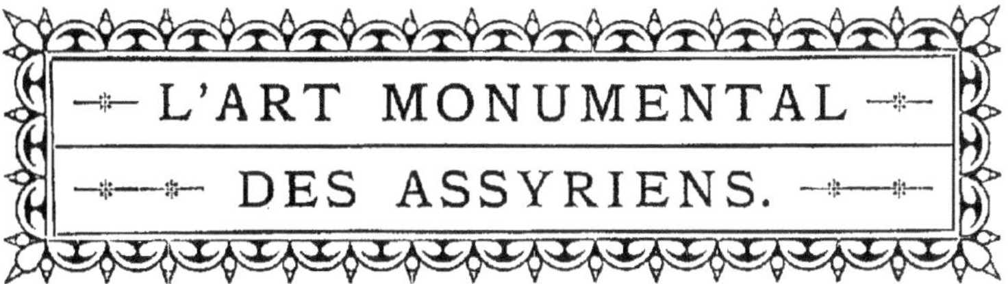
L'ART MONUMENTAL
DES ASSYRIENS.

BIBLIOGRAPHIE.

BABELON (E.) — *Manuel d'archéologie orientale.* Paris, Quantin, 1889.

BOTTA. — *Monuments de Ninive.*

BOTTA et FLANDIN. — *Architecture de Ninive.*

COUGNY (G.) — *L'Art antique.* Paris, 1892, t. II, p. 174.

DELATTRE (P.) et HEUZEY. — *Antiquités assyriennes. (V. Revue scientifique.)*

FERGUSSON. — *Architecture de Ninive. (V. Revue gén. de l'archit. et des T. P.,* 1851, col. 286.)

FLANDIN (E.) — *Voyage archéologique à Ninive.* — (*V. Revue des Deux Mondes,* 15 juin et 1ʳ juillet 1845.)

HEUZEY (G.) — *Un palais chaldéen, d'après les découvertes de M. de Sarzec.* Paris, Leroux, 1888. — *Les fouilles de la Chaldée.* — (*Revue archéologique,* janv. 1881.)

LAYARD, A. H. — *The Monuments of Nineveh,* Londres, 1853.

LENORMANT (FR.) — *L'Architecture Assyrienne.* — (*V. Moniteur des architectes,* année 1869.) — *Manuel d'histoire ancienne.*

LOFTUS. — *Susiana and Chaldaea.* Londres, 1857.

MASPERO. — *Histoire ancienne.* — *Lectures historiques,* Paris, 1890.

OPPERT. — *Expédition scientifique en Mésopotamie,* 1872.

OPPERT et MÉNANT. — *Les fastes de Sargon.* Paris, 1865.

PERROT et CHIPIEZ. — *Histoire de l'art dans l'antiquité,* t. II. *La Chaldée et l'Assyrie.*

PLACE (V.) et F. THOMAS. — *Ninive et l'Assyrie,* 3 vol. Paris, 1867.

RAWLINSON (G.) — *The five great monarchies of the ancient eastern world, or the history, geography and antiquities of Chaldaea, Assyria, Babylon, Moedia and Persia,* 1879.

SARZEC DE (E.) — *Découvertes en Chaldée.* Paris, Leroux, 1884.
Fouilles en Chaldée. Paris, 1887.

SMITH (G.) — *Assyrian discoveries,* Londres, 1876.

Etc......, etc......

Voir aussi les traités généraux.

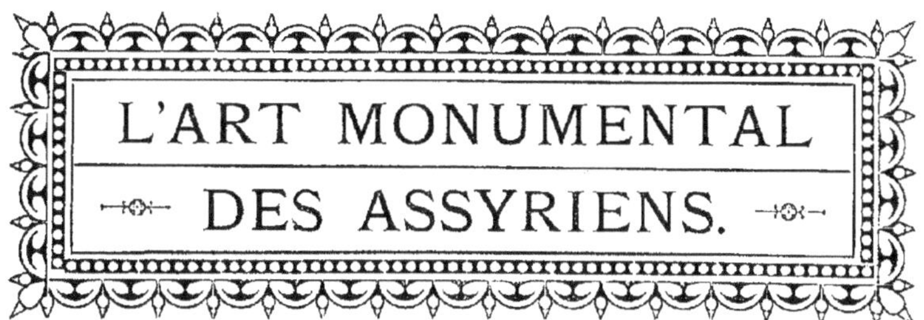

I. GÉNÉRALITÉS. — Géographie; histoire; chronologie; caractères de l'art assyrien; palais chaldéens.

1. — Au commencement de ce siècle on ne connaissait aucun grand monument de l'art assyrien. En 1842 seulement, M. Botta, consul de France à Mossoul, entreprit des fouilles à *Khorsabad*, sur l'emplacement de Ninive : il découvrit un palais entier. Les fouilles furent continuées par MM. Victor Place et Félix Thomas.

Un anglais, M. A. H. Layard, mort tout récemment (juillet 1894), ouvrit à son tour des fouilles à *Nimroud*, près de *Khorsabad ;* il mit au jour un autre palais, dit du *Nord-Ouest*, dont les sculptures enrichissent le *British Museum ;* ce palais remontait à trois mille ans ; celui de *Khorsabad* est postérieur. M. Layard a également fouillé le *Palais* du *Centre*. Il a également mis au jour la salle des archives du palais méridional de *Kouijoundijk*, avec sa bibliothèque en briques à caractères cunéiformes.

Depuis, M. Émile de Sarzec, vice-consul de France à Bassorah, fit, en 1877, la découverte du palais chaldéen dit de *Tello* ([1]) appartenant à l'époque archaïque ; ses fouilles jettent un jour nouveau sur l'art oriental primitif, et permettent de remonter à plus de vingt siècles avant notre ère.

Les musées d'Europe, surtout le Louvre et le musée britannique, ont des salles entièrement remplies d'antiquités assyriennes.

GÉOGRAPHIE.

2. — De même que la large zone de déserts arides traversant l'Afrique et l'Asie de l'Ouest à l'Est est coupée, en Afrique, par une étroite plaine cultivée le long du Nil, elle est, d'autre part, interrompue en Asie par une vaste oasis, qu'arrosent l'Euphrate et le

---

1. V. L. Heuzey, *Un palais chaldéen, d'après les découvertes de M. de Sarzec.* Paris, Leroux, 1888. — V. G. Cougny, *L'Art antique*, p. 81.

Tigre. Entre les limites du désert syro-arabe et les montagnes du Kurdistan, mais plus particulièrement entre les rives des deux fleuves, s'étend la *Mésopotamie*, mot qui signifie pays *entre les rivières*. Son sol a été formé comme le delta du Nil par le dépôt des alluvions fluviatiles. Une ligne qui court entre les plaines basses et les plateaux élevés partage en deux leur double bassin et divise la contrée en *Haute* et *Basse* Mésopotamie.

L'ancienne *Chaldée* s'étendait à l'aval au sud de la plaine mésopotamienne. Baignée par le Golfe Persique, elle se développait à l'Ouest et touchait au désert de l'Arabie ; elle était bornée à l'Est par le Tigre et au Nord elle avait pour limite la ligne qui sépare la Haute et la Basse Mésopotamie.

Au delà commençait l'*Assyrie*, limitée à l'Est par les chaînes du Kurdistan ; elle embrassait la Mésopotamie septentrionale et les territoires qui faisaient face à celle-ci de l'autre côté du Tigre, entre son cours et le pied des montagnes.

Nous prévenons le lecteur, que nous donnons ici, d'après M. Rawlinson et MM. Perrot et Chipiez, aux mots Assyrie et Chaldée, un sens précis, qu'ils n'ont jamais eu dans l'antiquité, et cela dans l'intérêt de la clarté de ce qui suivra.

APERÇU HISTORIQUE.

3.— Sur le territoire compris entre le Tigre et l'Euphrate et qui s'appelle la *Mésopotamie*, depuis leurs sources jusqu'à *Korna*, leur confluent, se sont succédé les Chaldéens, les Assyriens, les Mèdes, les Babyloniens, les Arméniens, les Perses, les Égyptiens, les Grecs, les Parthes, les Romains, plus tard les Arabes, les croisés d'Europe et les Turcs. Là se sont mêlées toutes les races humaines, sémites et aryennes. Résumons en quelques lignes leur histoire compliquée.

Le premier de ces peuples fut le peuple chaldéen, de race sémitique, dont l'empire eut pour capitale Suse, puis Babylone. C'est *l'ancien empire chaldéen*, dont l'histoire est restée très obscure.

Les historiens grecs ont beaucoup parlé du *premier empire assyrien*, qui succéda à l'empire chaldéen, mais leurs récits sont considérés comme légendaires. *Ninus*, ayant conquis tout le territoire qui s'étend entre l'Indus et la Méditerranée, aurait fondé sur les bords du *Tigre* la ville de *Ninive*. Il épousa Sémiramis, la femme héroïque d'un de ses officiers tué au siège de Bactres. Sémiramis survécut à Ninus, et fit de *Babylone* une ville puissante, pleine de grands monuments. A Sémiramis auraient succédé une série de rois fainéants, qui vécurent enfermés dans leurs palais, à l'époque où David et Salomon élevaient si haut la prospérité du peuple juif. *Sardanapal*, le dernier d'entre eux, fut détrôné par un gouverneur de Médie, Arbace. Avec lui finit le premier empire d'Assyrie.

C'est au *second empire d'Assyrie* que se rattachent la plupart des monuments assyriens dont les débris ornent les musées d'Europe. *Ninive* redevint la capitale de l'empire, et *Nimroud*, le siège des souverains. Durant cette époque, fut élevé le *palais Nord-Ouest* de Nimroud et brilla *Sargon*, ce roi grand bâtisseur, auquel on doit les vastes constructions dont les ruines ont été découvertes à *Khorsabad*. Son fils *Sennachérib* construisit le palais de *Kouijoundijk* et rebâtit Ninive. *Assarhaddon* passe pour avoir bâti en Chaldée et en Assyrie une quantité considérable de palais. *Assourbanipal* créa la bibliothèque de briques et de cylindres à caractères cunéiformes dont le *British Museum* possède une importante collection et le Louvre quelques spécimens (¹). *Salmanazar* détruisit le royaume d'Israël.

Nabuchodonosor, fils du gouverneur de Babylone, marié à la fille d'un roi de Médie, marcha contre Ninive et devint le chef d'un nouvel empire, fondé sur les débris de la puissance ninivite et dont *Babylone* devint le siège ; c'est le *second empire Chaldéen*. Nabuchodonosor fit élever la plupart des grands édifices de Babylone. Cet empire fut éphémère ; *Balthazar* en était le chef quand Cyrus vint assiéger la ville, au moment où la main divine traçait sur les murs de la salle de ses orgies les trois mots prophétiques : *Mane, Thecel, Phares*, expliqués par Daniel.

Cyrus fonda la monarchie des Perses.

---

1. Des textes cunéiformes relevés en Perse, en 1891, par M. de Morgan et reproduits à l'aide de bons moulages, sont exposés au Louvre. Deux de ces inscriptions traduites par le Père Scheil, sont accompagnées de bas-reliefs du style archaïque, et sont jugées être les monuments les plus anciens que nous connaissions de l'art chaldéen. (*Académie des inscriptions et belles-lettres. Séance du 11 décembre 1891.*) — Le *British Museum* poursuit la publication du catalogue des tablettes cunéiformes de Kouijoundjik ; elle contient des milliers de tablettes ou fragments de tablettes, qui faisaient partie de la librairie des rois d'Assyrie à Ninive.

CHRONOLOGIE ASSYRIENNE ([1]).

4. — Voici un tableau donnant l'abrégé de la chronologie.

1er Empire Chaldéen.	Dynasties Susiennes — jusque 2047 avant J.-C. Conquête de Suse par les Chaldéens Dynastie Chaldéenne. — Babylone, capitale durant 458 ans. Conquête de la Mésopotamie par les Pharaons. — 1589 — — Règne des Pharaons. — Exode des Juifs.	
1er Empire Assyrien.	Fin de la domination égyptienne : milieu du xive s. — — Le royaume assyrien absorbe la Mésopotamie. Fin du — — — Fondation de Ninive. — 1288 — — Règne de Sémiramis Babylone triomphe de Ninive. — 1060 — —	
2e Empire Assyrien.	Ninive. — Nimroud, capitale. — 1020 — — Grande puissance de l'Assyrie. — xe s. — — Règne de Sardanapal III, construction du palais Nord-Ouest de Nimroud — 900 — — Règne du roi Sargon. — 721-704 — — Construction du palais de Khorsabad. Règne de Sennachérib, fils de Sargon. Construction du palais de Kouijoundjik. — Ninive rebâti. Règne d'Assarhaddon. Construction du palais Sud-Ouest de Nimroud. Règne d'Assourbanipal et du dernier des Sardanapal. — 625 — — Chute de Ninive.	
2e Empire Chaldéen.	Règne de Nabuchodonosor. — 625 — — Dynastie Babylonienne. — Babylone capitale. — Relèvement de l'art à Babylone. Règne de Balthazar. — 538 — — Prise de Babylone par Cyrus.	

1. V. Perrot et Chipiez, *Histoire de l'art dans l'antiquité*, t. II. — V. *Encycl. d'Archéol.*, t. I, p. 57.

Empire des Perses.	Règne de Cyrus. Prospérité de l'art de la Perse. — Passagarde embellie par Cyrus et Cambyse. — Darius et Xerxès élèvent de grands monuments. — Persépolis et Suse.	538 avant J.-C.

CARACTÈRES GÉNÉRAUX DE L'ARCHITECTURE ASSYRIENNE ([1]).

5. — La partie basse de la Mésopotamie comprend deux régions voisines, qui se confondent parfois dans l'histoire : l'Assyrie, au Nord ; la Chaldée, au Sud.

La civilisation a suivi en Assyrie la même marche qu'en Égypte ; elle s'est propagée à l'origine en remontant vers les sources du Tigre et de l'Euphrate. De même qu'il y eut sur les bords du Nil, d'abord la suprématie de Memphis, puis celle de Thèbes, et ensuite celle de Saïs, qui redescendit vers le Delta : de même, en Mésopotamie, il y eut d'abord celle des Chaldéens, dont Babylone fut le centre, et à laquelle succéda celle de Ninive ; plus tard l'empire se déplaça en sens inverse et fut ramené vers Babylone et la mer.

Autre analogie : comme le bassin du Nil, le sol assyrien était un terrain d'alluvion. Là il donna naissance à la construction en pisé ; ici il produisit un autre procédé, basé également sur l'emploi des matériaux agglutinés, mais sous une forme différente, en petites masses et mises en œuvre avec du bitume : les Chaldéens créèrent l'architecture de la *brique*. « *La brique*, dit la Genèse, *leur servit de pierre et le bitume, de ciment* ([2]). »

Ce sont les premiers habitants de l'Assyrie, les Chaldéens, qui ont imprimé à l'architecture de cette contrée son caractère particulier ; les Assyriens leur ont tout emprunté, comme les Romains aux Grecs, ainsi que nous le verrons plus loin. Nous étudierons surtout les monuments assyriens, presque seuls conservés ; nous pouvons les considérer comme les copies de ceux des Chaldéens.

Chez ceux-ci, on ne voit apparaître aucune trace de la vie nomade : tout respire au contraire la vie *sédentaire*. Les Chaldéens n'avaient que la terre meuble à leur disposition ; leur architecture fut toute en briques. Il eût été facile aux Assyriens, qui avaient de la pierre à

---

1. V. *Encycl. d'Archéol.*, t. I, p. 52.
2. Genèse, XI, 3. V. Apollinaire de Tyane.

leur portée, d'abandonner la brique pour la pierre. Mais la routine l'emporta, et c'est la persistance de l'emploi de la brique qui donne leur cachet à leurs constructions.

Comme les monuments égyptiens, ceux de la Chaldée et de l'Assyrie offraient des constructions s'étendant indéfiniment dans le sens horizontal. Mais leurs murs ne sont pas en talus, ils offrent des parois verticales, propres à la maçonnerie appareillée. Les édifices s'élèvent sur une vaste terrasse ; ils sont entrecoupés de tours, et couverts de terrasses plantées.

Tandis que les monuments de l'Égypte offrent la forme de la *pyramide tronquée*, ceux de l'Assyrie dérivent du *parallélipipède rectangle*.

Mais les Assyriens, à la différence des Égyptiens, n'employaient pas la *colonne lapidaire*, et ne connaissaient pas la *péristyle* et les salles *hypostyles*.

6. — Les murs extérieurs sont faits en briques (de $0,^{m}40$ de côté sur $0^{m},10$ d'épaisseur environ). Ils sont plats, sans reliefs, conséquence de l'emploi de la brique. Il n'y avait de corniche saillante qu'aux murs des terrasses du soubassement ; le couronnement des murs est formé de sortes de créneaux.

Au défaut de la décoration en relief et des moulures, on suppléait, comme en Égypte, par une riche décoration polychrome, qui, sous les feux d'un brillant soleil, devait donner aux palais massifs de ce pays un aspect somptueux et relativement léger. Cependant ce décor était tout différent du décor des murs égyptiens. « Ce ne sont plus comme en Égypte, dit Viollet-le-Duc, des imitations de tapisseries semant sur les parements des dessins multicolores innombrables, et produisant une harmonie par la multiplicité même des tons juxtaposés, tout en respectant les grandes lignes et les grandes surfaces. Chez les Assyriens, ce sont de larges parements couverts d'un enduit monochrome, avec quelques parties seulement diversement colorées par les émaux céramiques et rehaussées de figures humaines, ainsi qu'en témoigne la Bible : « ...... *cumque vidisset viros depictos in pariete, imagines Chaldæorum expressas coloribus* ([1]).

L'aspect extérieur était très simple. Les entrées étaient décorées

---

1. Ezechiel, XXIII, 14.

de sculptures colossales de taureaux dits anthropomorphes; les archivoltes des portes étaient en briques émaillées. Le parti décoratif
consistait à faire valoir par le contraste de grandes surfaces unies,
certains points où la sculpture et la peinture étaient prodiguées,
notamment de longues bandes en marbre sculpté formant soubassement.

PALAIS CHALDÉENS.

7. — *Palais de Tello.* — M. E. de Sarzec a exploré de 1877 à
1884 ([1]) à Bassorah, des *tells*, ou collines formées de briques crues
amoncelées ; c'étaient les restes d'une antique cité chaldéenne.
Il y a rencontré un palais.

Il s'élevait sur un soubassement de briques crues de 12 m. de
hauteur. Le plan se rapproche d'un parallélogramme de 53 m. de
longueur sur 31 m. de profondeur, dont les divisions intérieures se

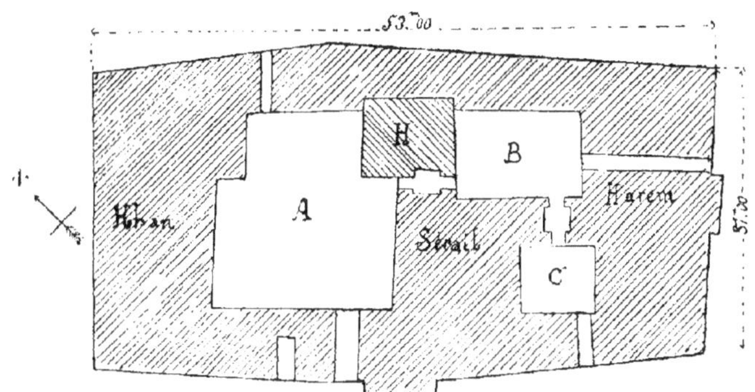

Fig. 1. — Plan schématique du palais de Tello.

recoupent à peu près à angle droit. Les murs, d'une grande épaisseur, sont construits en briques cuites très larges, maçonnées au
bitume. Toutes portent une formule de consécration religieuse et le
nom du souverain du temps, le patési *Goudea*. Il n'y avait aucun
enduit extérieur, ni revêtement intérieur ; on croit que les salles
ont pu être tendues de tapisseries. Des sculptures, statues, stèles,
vasques ornées de bas-reliefs, etc. ornaient les salles.

Les 46 salles sont réparties en trois groupes autour de trois cours,
A. B. C, deux petites et une grande (fig. 1). Chacun des groupes ne

---

1. Il a repris ses fouilles en 1893.

communique avec le voisin que par un couloir unique, qui s'étrangle brusquement à ses deux extrémités, de manière à ne laisser passer qu'une personne à la fois.

La partie la plus reculée, sans communication avec la grande cour, est l'habitation privée, que les Orientaux appellent le *harem*; puis vient une partie intermédiaire, le *Sérail*, correspondant au *sélamlik* d'Égypte, qui contient les pièces de réception, où le prince donne audience aux visiteurs étrangers. Enfin le carré de constructions qui environne la grande cour est la partie commune le *Khan* accessible à tous, contenant les pièces de service. Cette disposition typique répond si bien aux besoins des mœurs orientales, qu'elle n'a jamais varié depuis quatre mille ans.

A l'extérieur les façades offrent deux genres d'ornement. Ce sont d'abord des panneaux très allongés en hauteur, formant un double ressaut; puis des saillies demi-cylindriques, des sortes de gros tores verticaux. Ce dernier ornement, qui ne résulte pas de l'usage de la brique, semble rappeler des troncs de palmier employés à l'origine de cette architecture. L'usage simultané des deux systèmes par groupes alternants caractérise la décoration chaldéo-assyrienne.

Ces ornements sont employés sur une grande façade N.-E. qui était la façade d'honneur du palais, et sur la petite façade adjacente qui répondait aux appartements du maître. Les deux autres façades étaient complètement nues. On voit combien ici les idées de convenance l'emportaient sur les idées de symétrie.

Chose plus curieuse, les grandes façades ne sont pas exactement parallèles: elles présentent vers le milieu un léger renflement, et les ailes se dérobent par des lignes obliques se rapprochant vers les petits côtés. On ignore si cette disposition était dictée par un motif de défense ou de stabilité (¹).

Dans le voisinage des portes principales extérieures ou intérieures, s'ouvrent des baies donnant accès à un couloir fermé au fond. Ces fausses entrées étaient sans doute des abris faits pour les gardes, pour les voyageurs de passage ou pour les visiteurs attendant à la porte principale d'être introduits. Sous ce ciel torride, il y a une hospitalité plus urgente que celle de l'eau et du pain : c'est celle de l'ombre.

---

1. V. M. Heuzey, *Un palais assyrien*, Paris, Leroux, 1888.

En H devait s'élever une sorte de tour à étages, du genre des *zigurats* des palais assyriens, dont nous parlerons plus loin (¹).

8. — La décoration intérieure des murs des palais chaldéens, dans la période hiératique, a dû être formée de tentures, peut-être de tapisseries.

Le sentiment dominant chez ce peuple, était la crainte des esprits sans nombre qui, selon leurs croyances, peuplaient l'univers. Aussi les briques de leurs palais portaient chacune une formule de consécration pour conjurer les sortilèges, et, par bonheur pour les archéologues, le nom du roi fondateur y était contenu.

Ces constructions ont été remaniées à différentes époques. En 1893, M. Sarzec a retrouvé au milieu d'elles une tour d'angle et une porte d'entrée, d'ancienne architecture chaldéenne, et certainement édifiées par le patesi Goudea. En effet elles reproduisent trait pour trait les dispositions architecturales que l'on observe sur le plan d'une enceinte fortifiée que la célèbre statue de ce prince, au musée du Louvre, tient sur ses genoux.

La construction de Goudea, sorte de propylée, faisant partie d'une enceinte à la fois religieuse et militaire, était le développement de l'ancien sanctuaire consacré par un de ses prédécesseurs, le patesi Our-Baou, au dieu Vin-Ghirsou, le grand dieu local. Goudea, étant *patesi*, c.-à-d. *vicaire* du lieu, avait naturellement son habitation dans les dépendances de son temple. De là le triple caractère de cet édifice, à la fois forteresse, sanctuaire et palais (²).

---

1. V. E. Babelon, *L'Archéologie orientale.* — V. E. Cougny, *L'Art antique*, p. 181.
2. *Acad. des Inscriptions et Belles-Lettres*, fév. 1894.

II. — PALAIS ASSYRIENS.

NINIVE.

9. — Ninive, que Jonas mit trois jours à traverser, peut passer pour la plus grande cité qui ait existé dans le monde. La Genèse lui donne pour fondateur Assour (ou Ninus), fils de Sem. Elle occupait la rive gauche du Tigre, et s'étendait encore de l'autre côté du fleuve. Diodore de Sicile nous la représente comme ayant la configuration d'un parallélogramme de *150 stades* (¹) sur *90*,

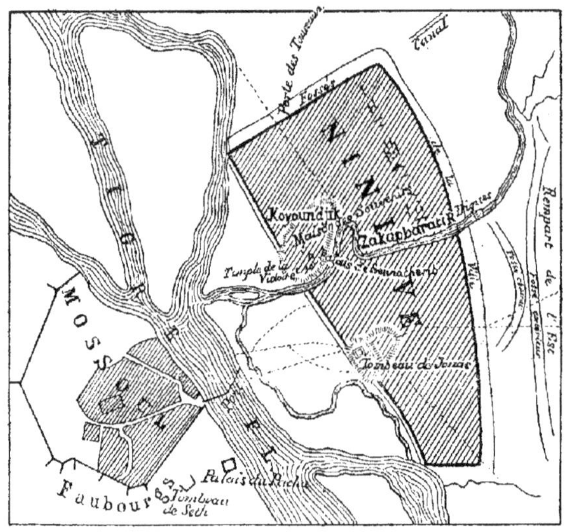

Fig. 2. — Plan de Ninive.

soit 24 kilom. de longueur, sur 14 kilom. de largeur, en tout 76 kilomètres de tour. Elle s'étendait à l'opposite de l'emplacement qu'occupe la ville actuelle de *Mossoul*.

Elle était entourée d'un mur de 100 pieds de haut, couronné d'une plateforme assez large, pour que plusieurs chars pussent y courir de front, et bordée par 150 tours de défense, de 200 pieds de haut.

---

1. Le stade équivaut à 185 mètres.

Telle est la ville dont l'emplacement fut retrouvée en 1843 ; plusieurs auteurs l'avaient crue effacée de la face du globe, et l'on disait communément d'elle : *Etiam periere ruinæ*.

Le territoire où fut Ninive, levé trigonométriquement en 1852 par le capitaine F. Jones, formait un immense camp fortifié de 96,000 hectares, contenant quatre grandes villes murées, des châteaux-forts, des maisons, des jardins et des champs. Au milieu d'une vaste plaine on aperçoit des collines couronnées par les villages de Nimroud, de Khorsabad, de Kouijoundijk, et par la ville de Mossoul. Ces monticules que l'on croyait naturels, ne sont autres que les ruines mêmes d'anciennes cités assyriennes. Ces villes sont Ninive, et trois autres, dont les restes se voient à Nimroud, à Khorsabad et à Sélamiyéh ([1]).

LES PALAIS ([2]).

10. — Les palais dont on a retrouvé les vestiges dans l'enceinte de Ninive étaient élevés sur de vastes terrasses, de 12 à 15 mètres au-dessus du sol, terrasses entourées des murs de soutènement épais, et accessibles par des rampes ou de larges escaliers. Leurs murs étaient construits en briques crues, mêlées de paille et séchées au soleil, dont les assises étaient interrompues de distance en distance par une couche d'asphalt ; leur épaisseur variait de $1^m,50$ à $5^m,00$. Ils étaient garnis extérieurement, et jusqu'à une certaine hauteur au-dessus du sol, d'un riche revêtement fait de grandes plaques de gypse ou d'albâtre, formant soubassement, et couverts de bas-reliefs polychromes et de ces inscriptions cunéiformes, dont la lecture a jeté une si vive lumière sur l'art oriental antique.

Ces bas-reliefs représentent des cérémonies religieuses, des assauts, des chasses, et semblent faire allusion aux triomphes des monarques assyriens. Leur style rappelle celui des bas-reliefs de Persépolis, dont il sera question plus loin, avec plus de naturel dans les figures. Ce revêtement, rehaussé de couleurs, avait une hauteur de $3^m,00$ à $3^m,60$; chaque plaque porte au revers une inscription donnant la date de la construction et le nom du monar-

1. V. L. Delgeur, *Revue d'histoire et d'archéologie*, t. III, p. 1862.

2. V. *Monuments de Ninive, découverts et décrits par P. E. Botta, mesurés par E. Flandin.* Paris, Imp. Nat., 1849. — V. Babelon, *Archéologie orientale.*

que qui y présida. On reconnaît que les reliefs ont été taillés après la pose des plaques.

Plus haut les murs présentaient un revêtement en briques cuites, quelquefois émaillées, ou du moins recouvertes de riches couleurs appliquées sur un enduit blanc, sorte de stuc. En dehors de ce décor plat, les murs n'étaient ornés que de quelques canaux verticaux figurant des portions de cylindres, semblables à des troncs d'arbres jointifs, et fréquents surtout sur les parois des tours (¹). Les murs étaient terminés par un bandeau et des créneaux.

En plan les palais offraient des cours nombreuses autour desquelles étaient établis les appartements des princes et des grands officiers, de vastes salles où le roi donnait ses audiences, ainsi que les services accessoires.

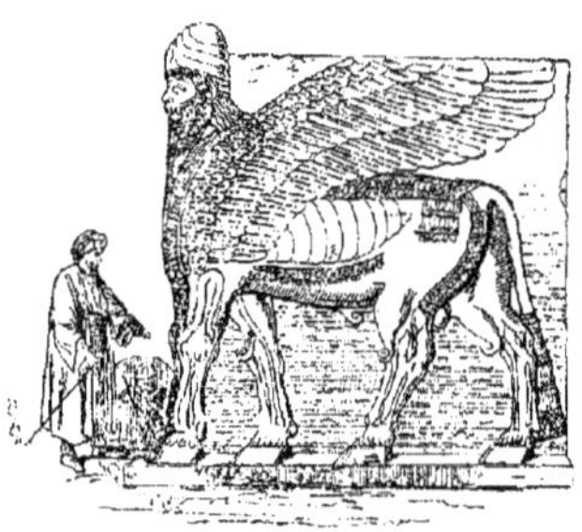

Fig. 3. — Figure ailée d'un portail de Nimrud.

La disposition des salles était irrégulière ; une série de cours étaient entourées de pièces étroites et allongées, souvent cinq fois aussi longues que larges (²). Longtemps on a cru qu'elles avaient été couvertes exclusivement en charpente ; il paraît certain, qu'elles étaient, au moins en partie, couvertes par des voûtes en berceau. M. Place a découvert une grande entrée de ville, fermée en haut par une voûte construite en briques crues.

Les portes principales extérieures des palais, mises en évidence par leur décor, étaient colossales ; elles étaient voûtées et flanquées de grandes masses de pierres sculptées représentant des taureaux ailés androcéphales. Ces figures étranges étaient sculptées avec une vigueur remarquable et admirablement stylisées. On en voit

---

1. M. Loftus a déblayé à Warka un pan de mur extérieur garni de cette décoration. Des groupes de sept demi-cylindres serrés l'un contre l'autre comme des tuyaux d'orgues et séparés par un pilastre, en font tous les frais. Au-dessus règne un bandeau surmonté de trois niches, une grande, accostée de deux petites. La première, large comme trois cylindres, s'enfonce par trois retraits successifs, jusqu'à un demi-mètre ; les deux autres contiennent le prolongement des cylindres extérieurs. Le tout est enduit de plâtre.

2. La plus grande qu'on ait trouvée mesure 40 m. sur 10 m. (V. Delgeur, *Revue d'histoire et d'archéologie*, T. III, p. 342.)

trois superbes spécimens dans la salle de l'Assyrie au musée du Louvre. Il y a lieu de croire que les têtes de ces animaux symboliques sont des portraits de rois d'Assyrie. Les Assyriens croyaient à la métempsycose, et se figuraient que l'âme des défunts passait après la mort dans le corps de bêtes nobles ou immondes, selon que leur vie avait été méritante ou vicieuse. Le taureau était considéré par eux comme le plus noble des animaux ; c'était faire grand honneur à un personnage, que de le représenter sous la forme de cet animal.

Les couronnements, crénelés, en briques émaillées, étaient rehaussés de dessins de grand style. Le revêtement en albâtre du soubassement était richement sculpté ; celui du palais de Sargon à Khorsabad n'avait pas moins de deux kilomètres de développement, il était entièrement couvert de bas-reliefs.

Au-dessus des voûtes régnaient des terrasses, qui étaient parfois plantées de cèdres et de palmiers, et formaient alors de véritables jardins suspendus. On y séjournait quand les ardeurs du soleil n'astreignaient pas l'habitant à se réfugier à l'ombre des appartements voûtés. L'intérieur de ceux-ci n'était éclairé que par les portes et par quelques ouvertures étroites percées à la naissance des voûtes ou sous les plafonds. Il ne fallait que quelques rayons de la vive lumière du ciel oriental pour éclairer suffisamment ces appartements destinés surtout à procurer la fraîcheur à l'abri d'un soleil brûlant. Quelques salles ont dû être surmontées d'un étage.

Quoique formés de pièces relativement étroites, les palais étaient dans leur ensemble d'une étendue colossale et d'une extrême richesse de décors.

On a comparé la forme des palais assyriens à celle d'immenses coffres rectangulaires placés sur une plateforme et surmontés d'un couvercle plat, qui est la terrasse ; de même on a comparé les temples assyriens à un empilement de coffres (¹). On trouve sur la terrasse qui sert d'assiette aux palais des restes de pyramides à étages superposés, dont la plateforme supérieure servait à la fois d'emplacement pour un autel et d'observatoire. On ne connaît pas d'autres vestiges de temples.

---

1. Planet, *Encyclopédie d'architecture*.

Parmi les nombreuses pièces des palais, on peut distinguer trois groupes distincts, formant le *Harem*, ou appartements privés du prince,

le *Sérail*, ou palais proprement dit

et le *Khan*, consacré aux services et dépendances.

Le décor des palais était d'une richesse extrême. On peut en juger par un *seuil de porte* conservé au Louvre et provenant de Khorsabad. Les rosettes et les fleurs de lotus font surtout les frais de l'ornement ici comme sur les murs. Une tête de lion également conservée au Louvre prouve avec quel art les Assyriens ont reproduit la nature. Le musée britannique possède un bas-relief plus remarquable encore, qui figure une lionne blessée, et témoigne d'une habileté consommée de la part des sculpteurs.

11. — *Nimroud*, l'ancienne ville de Calach mentionnée dans la Genèse (ch. 10), possède un groupe compact et grandiose de palais, qui constitue le produit principal des fouilles opérées jusqu'à ce jour.

En remontant le Tigre on trouve d'abord le *palais du Nord-Ouest*, élevé par Sardanapal III env. 900 ans av. J.-C., qui est le plus ancien de tous, remarquable par le magnifique escalier qui donne accès à sa terrasse. Le palais de Kouijoundijk se distingue par la beauté de ses bas-reliefs, dont des spécimens nombreux figurent au musée britannique et au musée du Vatican (collection Bennhi). Sennachérib, ou Sin-Akhiirib (704-681 av. J.-C.), fils et successeur de Sargon, fut le fondateur de cet immense palais, qui fut continué par ses descendants Assarhaddon et Assurbanipal. Ce dernier l'enrichit de la célèbre bibliothèque, qui a fourni à M. Smith les précieux fragments contenant la cosmogonie chaldéenne et le poème d'Izdubar. Parmi ses bas-reliefs on en voit un, qui représente le roi Sennachérib au siège de Lachis, dont parle le second livre des Rois, dans la Bible ; on y a trouvé aussi le prisme de Taylor, où est inscrite une description du siège de Jérusalem ([1]). Kouijoundijk faisait partie de l'ancienne Ninive.

Plus haut est la *ville de Khorsabad*, à 14 kil. de Mossoul, sur la rive orientale. MM. Botta et Place y ont fait des fouilles importantes. Elles ont mis au jour les vestiges d'une enceinte de ville, de

---

1. V. Notice de H. Marucchi sur le *Musée assyrien du Vatican*, dans le *Moniteur de Rome*, 1894.

1750 m. de longueur et de 1645 de largeur, défendue par huit tours et percée de sept portes voûtées en plein cintre et richement émaillées.

12. — M. Place a découvert à *Khorsabad* l'enceinte de la ville et la citadelle élevée par *Sargon* ou Sar-kyn, le fameux conquérant de Samarie, le destructeur du royaume d'Israël : qui régna de 721 à 704 av. J.-C. On a pu déterminer la forme des murs, qui dessinaient un rectangle, la place des portes et des 167 tours.

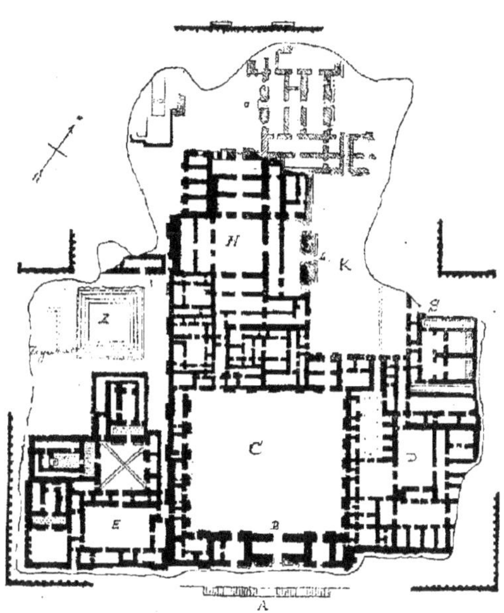

Fig. 4. — Plan du palais de Khorsabad.

— Le palais formait une citadelle établie à cheval sur le côté N.-O. de cette enceinte. M. Place a mis au jour l'inscription par laquelle le roi Sargon annonçait au monde la construction de la seconde Ninive ([1]).

Le palais, qui s'élevait sur un côté de l'enceinte, se composait de 210 pièces, salles, ou galeries, groupées autour d'une trentaine de cours. Un grand escalier destiné aux piétons et une rampe monumentale pour les chars y donnaient accès. Le grand portail B ouvrait sur la cour principale C, bordée à gauche par le *Harem* (E), à droite par le *Khan* (les communs), au fond par le palais, le *Sérail* (H). Celui-ci

---

1. Voici la traduction de cette remarquable dédicace : « Au pied des monts Mousri, pour remplacer Ninive, je fis, d'après la volonté divine et le désir de mon cœur, une ville que j'appelai Hisir Sargon. Je l'ai construite pour qu'elle ressemble à Ninive et les dieux qui règnent dans la Mésopotamie ont béni les murailles superbes et les rues splendides de cette ville. Pour y appeler les habitants, pour en inaugurer le temple et le palais où trone Sa Majesté, j'ai choisi le nom, j'ai tracé l'enceinte, et l'ai tracée d'après mon propre nom. » (Oppert, *Sargonides*.)

avait un autre accès S vers l'enceinte de la ville de Khorsabad.
De la cour d'honneur K on pénétrait par la porte L dans une
série d'appartements d'une richesse étincelante. Les portails B et
L étaient flanqués de grands taureaux ailés. Les salles de réception
étaient ornées à l'intérieur de bas-reliefs, formant à partir du sol
une zone continue de 2ᵐ70 de hauteur, et retraçant les exploits du
roi Sargon; les autres pièces, toutes oblongues comme les premières,
étaient décorées de peintures (¹).

Reprenons d'après M. Maspero la description du palais (²).

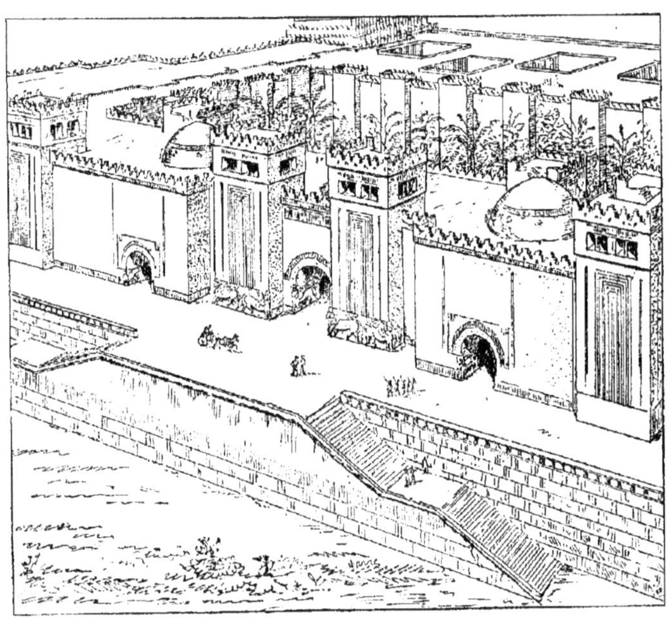

Fig. 5. — Palais de Sargon, d'après une restitution de Viollet-le-Duc.

« On n'accède au palais que du côté de la ville, les piétons, par
l'escalier double, *e*, construit en avant de la terrasse, les cavaliers et
les voitures, par la rampe douce qui s'applique au flanc droit du
massif et qui aboutit à la face orientale. Arrivé au sommet l'on se

---

1. V. G. Maspero, *Lectures historiques*. Égypte-Assyrie, ch. XI, p. 214, Paris, Hachette,
1890.

2. G. Maspero, *Lectures historiques. Égypte. Assyrie*, ch. XI, p. 214. — G. Cougny,
L'art antique, p. 233.

heurte à de hautes murailles crénelées,crépies de blanc.Le roi est là comme dans un donjon, d'où il domine au loin la campagne et sur lequel il pourrait tenir longtemps encore après que la ville serait tombée aux mains de l'ennemi. Deux portes maîtresses correspondent aux deux voies d'approche ; l'une, au Nord-Est, conduit dans le logis royal ; l'autre est tournée vers la ville et donne sur le double escalier. Deux grands mâts surmontés de l'étendard royal en signalent au loin l'entrée. Elle est resserrée entre deux tours décorées à la base de taureaux ailés à figures humaines. Deux taureaux plus monstrueux sont debout à droite et à gauche de la baie ; une bande de briques émaillées en dessine le cintre, et plus haut, juste au-dessous des créneaux,un tableau d'émail montre Sargon dans sa gloire. Cette sorte d'arc triomphal est réservé au roi, deux baies latérales,plus basses et moins riches d'ornements,admettent la foule.

« La cour immense sur laquelle elles ouvrent est encore un lieu public, où les fournisseurs,les marchands,les suppliants et même les curieux ont libre accès avec les gens du roi. Les magasins règnent sur trois côtés de la cour. Au delà, dans le bâtiment qui occupe l'angle de l'Est, sont les communs du palais (logements des sujets). Une petite porte percée vers l'angle Sud de la cour conduit au harem,qui comprend des appartements destinés pour les trois épouses de Sargon.

« Le logis royal tourne le dos au harem... Il a sa façade au N.-E., vers le point où la rampe débouche sur les remparts de la ville. L'entrée monumentale est gardée par une escouade de taureaux ailés en gypse peint. Elle donne accès, par la cour d'honneur, au centre du palais. Les salles de celui-ci sont éclairées par des œils de bœuf ménagés dans l'épaisseur des voûtes. De longues bandes de bas-reliefs en gypse polychrome, aux couleurs vives, se développent le long des murs jusqu'à trois mètres de hauteur et déroulent des scènes de la vie du fondateur du palais. »

TEMPLES.

13. — A côté de ce palais s'élevait une pyramide de sept étages, dont les quatre premiers subsistent encore ; chacun avait 6m00 de hauteur. Ils étaient revêtus de briques émaillées de couleurs *blanche, noire, rouge, bleue, vermillon, d'argent* et *d'or*, couleurs

et métaux relatifs à la symbolique sidérale des Chaldéens (¹). Sur la plate-forme du dernier étage se dressait le temple.

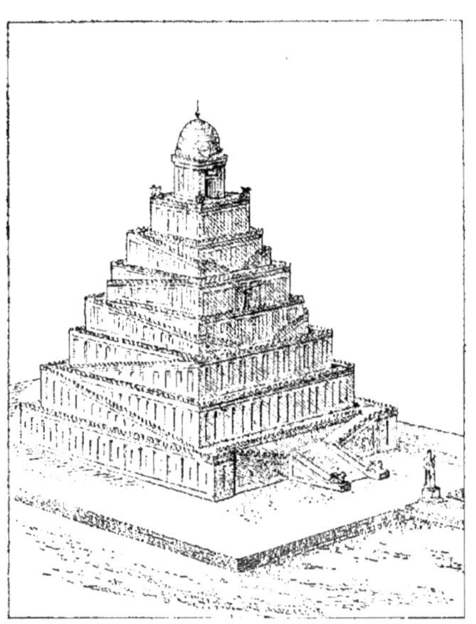

Fig. 6. — Un Zigurat ou temple chaldéen, d'après une restitution de M. Chipiez.

MM. Perrot et Chipiez (²) ont pu faire d'une manière assez précise la restitution de cette tour (fig. 6), dont les étages sont raccordés par des rampes, qui se déroulent en corniches, de la base au sommet de l'édifice.

Certaines parties des palais ont dû servir de temple. La collection Bennhi, que possède le musée du Vatican, comprend une série d'inscriptions cunéiformes provenant du palais de Khorsabad. On y lit qu'au centre de l'édifice se trouvaient deux autels grandioses consacrés aux divinités suivantes : *Ea, Sin, Beltis, Samas, Nabu, Ramanu* et *Ninip*.

VOUTES ASSYRIENNES.

14. — On sait maintenant que les Assyriens connaissaient la voûte et en firent d'importantes applications.

Les voûtes les plus remarquables de leurs constructions sont celles des *aqueducs* qui régnaient sous les terrasses des palais, pour évacuer les eaux pluviales et les autres. Ces voûtes, en berceau, étaient construites d'une manière ingénieuse, non point par assises horizontales, mais avec des joints continus hélicoïdaux. Cette disposition permettait de les maçonner sans cintre. On construisait d'abord un mur formant tête de voûte ; on bandait les premières assises de pieds droits à ce mur. Pour continuer, on profitait de l'adhérence des

---

1. Sur les couleurs des planètes, V. J. Oppert, au mot Chaldéen, dans la *Grande Encyclopédie*.

2. *Histoire de l'art dans l'antiquité*, t. II.

assises l'une sur l'autre, et de l'obliquité des joints continus, pour maintenir les claveaux jusqu'à fermeture de chaque assise. Le cintre était surélevé.

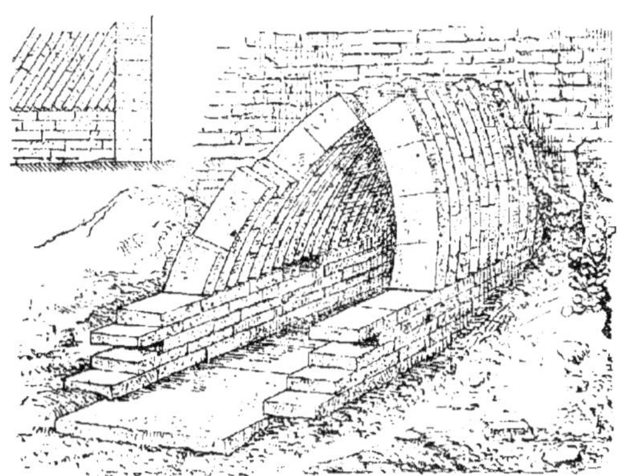

Fig. 7. — Voûte d'aqueduc.

La salle du harem du palais du roi Sargon était couverte de voûtes en berceau plein-cintre à trois rouleaux concentriques. La forme en coin des claveaux était obtenue à l'aide de glaise foulée dans les joints de l'extrados. L'ouverture était de 4 m. 30. On a retrouvé dans les ruines du même palais des briques en forme de coin, destinées à former voussoirs (¹).

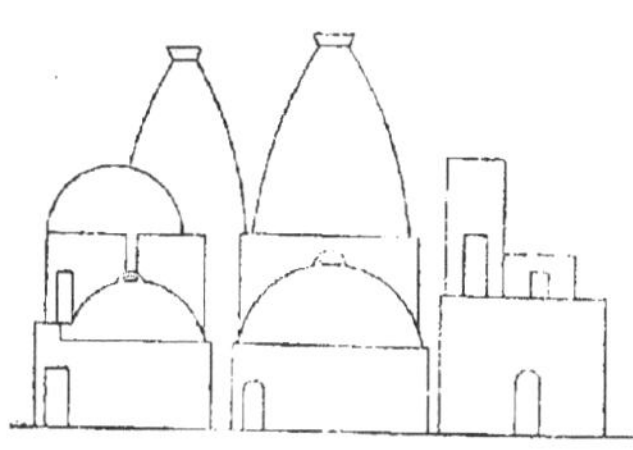

Fig. 8. — Bâtiments, d'après un bas-relief de Kouijoundijk.

Les voûtes que M. Place a découvertes à Khorsabad doivent remonter au VIIIᵉ siècle avant J.-C.

Un bas-relief provenant d'un palais de Kouijoundijk, et conservé au *British Museum*, porte le dessin très net d'un édifice couvert de coupoles bien caractérisées.

Les voûtes des salles étaient faites en briques crues, maçonnées à la terre glaise. Pour les acqueducs on se servait de briques cuites.

1. Perrot et Chipiez, *Hist. de l'art dans l'antiquité*, t. II, pp. 117 et 108.

BRIQUES CRUES.

15. — Il importe de remarquer que les briques crues des Assyriens ne sont pas précisément des briques non cuites mais *séchées au soleil*. Après la malaxation de la terre et le moulage des briques, celles-ci ont été immédiatement mises en œuvre encore molles et humides, en sorte qu'elles ont adhéré entre elles. A l'intérieur les murs formaient une masse continue d'argile, qui ne différait pas essentiellement du pisé.

Les Assyriens avaient à leur portée de belles pierres en abondance ; ils en ont usé pour certains ouvrages. La prohibition systématique de la pierre dans le corps de leurs bâtisses ne tient pas à l'absence de carrières ni à leur inexpérience ; cette pratique tient aux traditions de la race chaldéenne et aux nécessités du climat. La construction en briques était pour les Assyriens comme un apanage de race, lié à tous les usages qu'ils avaient emportés de la Chaldée. Leur œil était accoutumé aux formes caractéristiques de ce système et leurs besoins s'y étaient conformés comme leur sentiment. Tels sont les motifs pour lesquels les Ninivites ou Assyriens du Nord ont conservé l'usage de l'argile, que leur avaient enseigné les Babyloniens.

LA COLONNE.

16. — La Chaldée ne s'est jamais servie de pierre et n'a pas connu ce que l'on appelle la *colonne lapidaire*. Les colonnes figurant dans les bas-reliefs, sont sveltes et ne représentent que des poteaux en bois garnis de métal à leur tête. On a trouvé des gaînes de bronze et d'or, offrant des reliefs imbriqués, en écaille, qui avaient vraisemblablement servi d'enveloppe à des colonnes en bois employées à soutenir des plafonds.

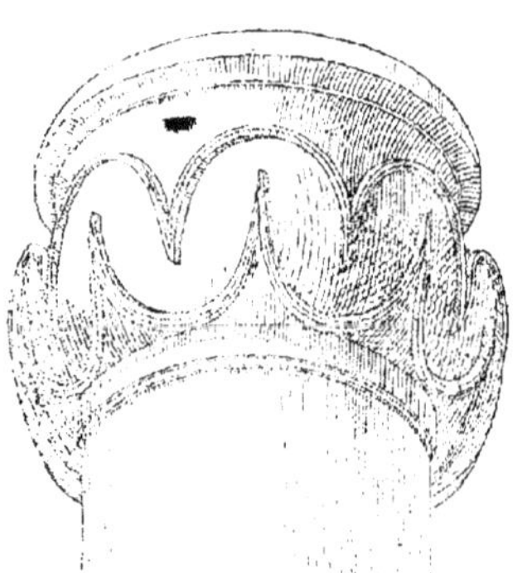

Fig. 9. — Chapiteau de pierre.

On n'a conservé qu'un seul fragment de colonne assyrienne en pierre ; il comprend le chapiteau et une partie du fût. La base, d'après les bas-reliefs, offrait la forme d'un vase porté sur le dos d'un des monstres à face humaine et à corps de taureau ailé, dont nous avons parlé.

On a trouvé dans le pied d'une table un chapiteau à volute, rappelant le chapiteau ionique.

Les chapiteaux figurant sur les bas-reliefs présentent souvent des éléments curvilignes qui semblent dériver de la *corne du bélier* ou de la *volute*. Ces courbes et contrecourbes se montrent aussi dans la disposition d'un motif, qu'on a appelé *l'arbre mystique* ou *l'arbre doré*.

Le tracé général de quelques chapiteaux figurés rappelle même le chapiteau corinthien.

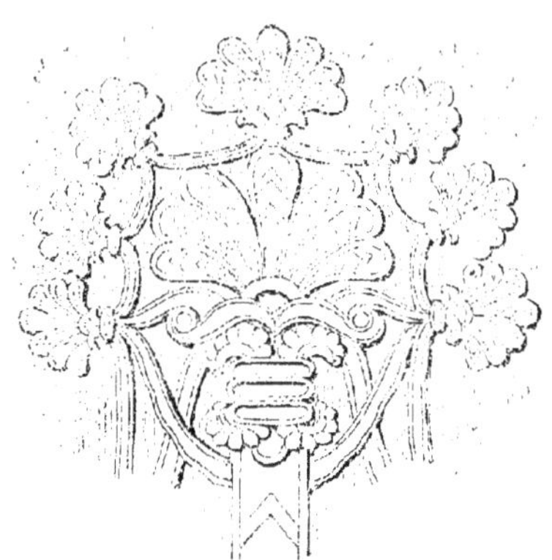

Fig. 10. — Arbre mystique des Assyriens.
(Bas-relief de Nimroud.)

BABYLONE.

17. — Sur les rives de l'Euphrate gisent les vestiges confus et encore inexplorés de la mystérieuse cité de Babylone, la ville la plus fameuse de l'antiquité. On place l'époque de sa splendeur au règne de Sémiramis, et l'on attribue ses principaux embellissements à cette souveraine (Xe s.) et à Nictoris, mère du second Nabuchodonosor (VIe s. av. J.-C.).

Les ruines de Babylone sont à 7 lieues de Bagdad dans une plaine aride aujourd'hui, que les Arabes disputent aux bêtes féroces. On reconnaît son emplacement à l'effroyable confusion et à l'énorme quantité des matériaux qui y sont accumulés. Ses monuments de terre sont redevenus poussière ; ses rues sont marquées par des ravins, entre des chaînes de collines qui remplacent les habitations, et des montagnes de décombres constituant les vestiges des palais.

Dépourvus de carrières et de forêts, les Babyloniens employèrent peu la pierre et se servirent surtout de briques séchées au soleil ou cuites ; on les posait par assises et de distance en distance on plaçait des lits de roseaux noyés dans un ciment composé de plâtre et d'asphalt. Comme à Ninive, l'intérieur des murs était en briques crues, l'extérieur, souvent en briques cuites et coloriées.

La Mésopotamie offre un sol en pente régulière, limité par l'Euphrate à l'Ouest et par le Tigre à l'Est. Tandis que le Tigre coule rapide dans un lit de rochers, l'Euphrate, plus élevé que lui, coule comme le Nil, entre des rives plates, menaçant le pays de ses crues. Ses inondations périodiques forcèrent les Babyloniens à exécuter des travaux hydrauliques importants, à construire des digues puissantes, des canaux de dérivation, des étangs artificiels ayant jusqu'à 10 lieues de tour, pour l'évacuation du trop plein du fleuve. L'Euphrate traversait Babylone du Nord au Sud. On sait que Cyrus profita de cette circonstance pour entrer dans la ville après avoir mis le lit du fleuve à sec. De même Arbace avait eu raison de Sardanapale, qu'il assiégeait dans Ninive, à la faveur d'une inondation du Tigre, qui renversa une partie des remparts.

On a émis des théories purement conjecturales sur la topographie encore ténébreuse et les différentes enceintes de Babylone.

D'après G. Smith, la seule enceinte encore perceptible donnait à la ville près de 73000 mètres de tour, ce qui correspond à la cité royale de Diodore ([1]). D'après Hérodote ([2]), l'*enceinte* extérieure formait un vaste carré de 120 stades de côté (soit 22,680 m.), enfermant une superficie de 514 kil. carrés. Mais la population confinée dans ses murs n'était pas proportionnée à une pareille étendue. Les murailles de Babylone étaient comparables à la grande muraille de la Chine ; plusieurs chars, attelés de 4 chevaux, pouvaient passer de front sur ses murs ([3]); elle renfermait un district au lieu d'un empire.

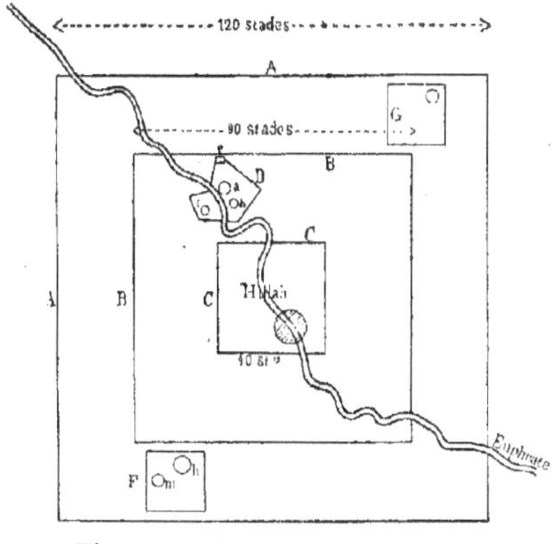

Fig. 11. — Plan de Babylone.

a. — Ruines de *el Kasz*, emplacement du palais de Nabuchodonosor.

b. — Jardin suspendu et second palais.

c. — Palais de la rive gauche.

e. — Tombeau de Belus.

f. — Emplacement de la ville chaldéenne de Borsippa.

g. — Ruines de Cutha.

h. — Tour de la confusion des langues.

m. — Temple d'Hercule et de Saturne.

On sait comment ces murs furent élevés. A mesure qu'on creusait le fossé extérieur et qu'on enlevait les terres, on façonnait des briques avec les terres, briques qu'on enduisait sitôt sèches, d'une couche d'asphalt chaud, et qu'on posait aussitôt en assises. Sur chaque trentième assise, on disposait un lit de tiges de roseaux noyées dans l'asphalt et le plâtre.

1. Diodore, II, VII, 3.
2. V. Hérodote, I, 178.
3. Strabon, XVI, 1, 3.

Les détails qui suivent sont empruntés aux historiens ; nous les donnons avec les réserves nécessaires.

L'enceinte était flanquée de 250 tours, munies de portes d'airain. D'après Hérodote, qu'on soupçonne d'exagération, les murs auraient eu des dimensions énormes ; ils étaient couronnés de part et d'autre de créneaux. Ces murailles prodigieuses, rangées parmi les *sept merveilles* du monde antique, furent détruites par Darius ; il n'en subsiste aucun vestige.

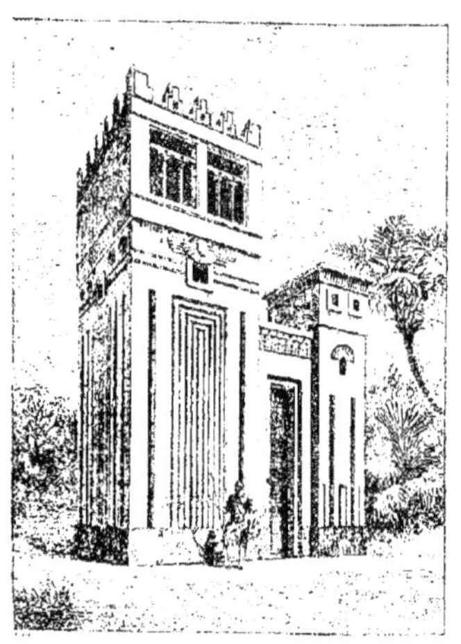

Fig. 12. — Maison Assyrienne, restitution de Ch. Garnier (d'après Lyon Claesen).

Une seconde enceinte concentrique à celle-ci, de 360 stades de tour selon Diodore, renfermait la ville royale, protégée à son tour par un troisième mur de défense, de 92^m de hauteur sur 33 d'épaisseur, dessinant un carré de 20 stades de côté.

Ce dernier carré, encore énorme, était divisé par 50 rues se coupant à angles droits ; les maisons offraient plusieurs étages, les rues étaient étroites ; celles aboutissant au fleuve y avaient accès par des portes d'airain pratiquées à travers les murs.

Le terrain extérieur était partagé en une infinité de carrés comprenant des champs cultivés, de manière que la ville pût assurer complètement sa subsistance en cas de long investissement.

Dans l'enceinte on a retrouvé quelques vestiges des principales constructions dont parle Hérodote, notamment :

Le palais de la rive orientale.
　　　» *de la rive occidentale.*
Les jardins suspendus de Nabuchodonosor.
Le vaste *pont* réunissant les deux palais.
Le temple de Belus.

Les monuments de Babylone datent de deux époques différentes. Les plus anciens, c'est-à-dire le *temple de Belus* et le *palais occidental,* remontent à 2300 ans avant J.-C., et datent de la fondation de

Babylone par Nemrod, de la grande migration des peuples de l'Asie occidentale et de l'invasion des Hycsos en Égypte. Les autres sont de la seconde époque chaldéenne, c'est-à-dire du VIIe siècle avant J.-C. Aujourd'hui leurs ruines ne sont plus qu'un amas de décombres informes.

Darius démolit le mur d'enceinte de Babylone, et après Alexandre, ses généraux se partagèrent les richesses de cette antique cité. Depuis, les populations modernes ont puisé dans les ruines de ses palais gigantesques des matériaux pour élever leurs huttes modestes. Elles vivent au milieu des débris de Babylone comme des oiseaux de proie sur la carcasse d'un géant.

LE TEMPLE DE BELUS ET LA TOUR DE BABEL.

18. — Dans l'angle S.-O. de l'enceinte de Babylone, un monceau de ruines représente l'ancien temple de *Belus*, le plus ancien monument du globe après les grandes pyramides. C'était, selon Hérodote, qui la vit, une pyramide gigantesque à sept gradins, mesurant 180 m² à la base, et probablement autant en élévation ; elle dépassait ainsi de trente mètres la plus haute des pyramides d'Égypte. Elle était enfermée dans une enceinte de 2 stades de côté, dont elle occupait le centre.

Elle était formée d'une suite d'étages superposés en retraite les uns sur les autres ; avec le soubassement, mesurant 383 pieds de côté et 75 p. de hauteur, elle offrait huit étages. Sur la plateforme supérieure du dernier était construit le temple, avec une terrasse servant *d'observatoire* aux savants de la Chaldée.

Le sommet de la pyramide ne se trouvait pas à l'aplomb du centre de la base, mais reculé vers l'un des côtés, de manière à offrir de plus larges banquettes à l'opposite, afin de permettre l'établissement de vastes rampes ou escaliers, donnant accès au temple.

La tour de Belus a perdu six de ses étages, mais les deux qui restent se découvrent de 80 kilomètres à la ronde. Sa base quadrangulaire a environ 180 mètres carrés. Les briques qui la composent sont de l'argile la plus pure et d'un blanc légèrement échauffé par une petite nuance fauve. Avant d'être cuites, ces briques ont été couvertes de caractères cunéiformes. Le bitume qui a servi de ciment provient d'une source subsistant encore à peu de distance de la tour. On a récemment érigé une statue de la Sainte Vierge sur le sommet de celle-ci.

Chacun des sept gradins était consacré à une des planètes et garni d'un revêtement qui en offrait la couleur symbolique, exécuté en briques émaillées.

Le 1er à partir du haut était d'or et consacré au Soleil
— 2e   »   »   d'argent   »   à la Lune
— 3e   »   »   rouge   »   à Mars
— 4e   »   »   bleu   »   à Mercure
— 5e   »   »   jaune   »   à Jupiter
— 6e   »   »   blanc   »   à Vénus
— 7e   »   »   noir   »   à Saturne.

Le noyau de la pyramide était en briques crues, et ventilé à l'intérieur par un grand nombre de canaux de 0,20 × 0,12, disposés de mètre en mètre.

Toutes les briques portaient le nom de Nabuchodonosor, qui a reconstruit cet édifice à l'emplacement d'un autre beaucoup plus ancien.

Ce dernier n'était autre, apparemment, que la tour de *Babel*, ou de la *Confusion* (des langues), dont parle la Bible. On lit dans l'Écriture Sainte, que les hommes, après le déluge, vécurent rassemblés dans les plaines de Sennaar, entre le Tigre et l'Euphrate. Quand le pays ne suffit plus à contenir toute la population, ils résolurent de se séparer. Avant de se disperser, ils entreprirent d'élever une tour d'une hauteur prodigieuse. Le Seigneur irrité de leur orgueil interrompit les travaux en confondant leur langage.

Quand on étudie la valeur précise du *pied* et de la *coudée* dans les différents pays d'Occident et d'Orient, on constate de curieuses coïncidences de mesures entre des pays éloignés et d'étranges écarts dans une même région. Dans un savant travail (¹), M. E. Mauss, architecte du ministère des affaires étrangères de France, en vient à constater que la confusion des mesures a dû coïncider avec la confusion des langues : « elles subsistent toujours, et il

---

1. Mauss, *L'église de Saint-Jérémie*, etc. — *Mesures théoriques du pilier de Tello.* — Paris, Leroux, 1892.

se pourrait, dit-il, que la tour de Babel ait été interrompue parce que les architectes de ce monument célèbre ne pouvaient obtenir de leurs fournisseurs l'uniformité des matériaux nécessaires à la construction de leur œuvre. » Chaque briquetier avait sa mesure ; on peut s'en convaincre en mesurant tous les échantillons exposés contre les murs du musée Chaldéen du Louvre.

LES PALAIS.

19. — *Le palais occidental* se composait de trois enceintes en briques. La première avait 60 stades (12 kil.) de tour et était très élevée ; la seconde, mesurant 7 k. ½ de développement, 300 briques d'épaisseur, et 50 coudées de hauteur, offrait sur ses parois les images de toutes espèces d'animaux, représentés avec leurs couleurs naturelles. Enfin la troisième, qui renfermait une citadelle, avait 10 stades de tour. On y voyait figurés Sémiramis lançant le javelot, et Ninus frappant de sa lance un lion. Les enceintes étaient fermées par trois portes d'airain, qui s'ouvraient avec le secours de machines.

20. — *Le second palais*, celui de la rive gauche, était moins important. Il n'avait que trois stades de tour. Il était décoré des statues en airain de Sémiramis, de Ninus, du dieu Belus, et des gouverneurs de provinces.

LES JARDINS SUSPENDUS.

21. — La tradition rapporte, qu'un roi originaire de Syrie, apparemment Nabuchodonosor, qui régnait à Babylone, fit élever les célèbres jardins de cette ville pour complaire à son épouse, qui ne pouvait oublier, dans cette plaine aride, les frais ombrages et les jardins luxueux de la Perse.

On possède une description exacte de ces *jardins suspendus*, cités, comme l'enceinte de Babylone, parmi les sept merveilles du monde antique.

C'était (d'après Strabon et Diodore) un édifice de forme carrée, ayant 120 m. de longueur sur chaque face, et composé de terrasses étagées en retraite, dont l'ensemble avait la forme d'une pyramide tronquée. Les terrasses étaient au nombre de 12 ; la dernière avait 75 pieds d'élévation.

Sous chaque terrasse, il y avait une galerie dont le plafond était formé de grandes pierres plates de 16 pieds de long, sur 4 de large, taillées en forme de poutre. Elles portaient quatre couches superposées, savoir :

1º un lit de roseaux cimentés à l'asphalt,

2º deux assises de briques maçonnées au plâtre,

3º des lames de plomb,

4º de la terre végétale.

On parvenait d'étage en étage par des escaliers ; des machines hydrauliques élevaient l'eau de l'Euphrate jusqu'aux parties les plus élevées ; les murs avaient 7 m. d'épaisseur.

LE PONT SUR L'EUPHRATE.

22. — Ce pont était d'une longueur considérable, 924 mètres d'après les auteurs anciens. Les piles étaient espacées de 4 mètres ; elles se terminaient en pointe à l'amont, en demi-cylindres à l'aval. Elles étaient reliées par des poutres en bois de cèdre portant un tablier en bois de palmier.

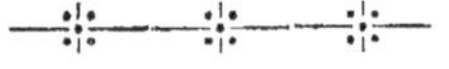

IV. — LA DÉCORATION.

LE DÉCOR SCULPTÉ.

23, — En Assyrie, plus encore qu'en Égypte, la sculpture s'unit intimement avec la peinture.

Sauf les exceptions notables dont nous avons parlé en traitant des palais, la décoration des monuments égyptiens fait corps avec la construction ; elle est taillée à même dans les pierres qui composent leurs murs. Il n'en est pas de même pour les palais assyriens ; exclusivement construits en briques, ils avaient besoin d'un revêtement protecteur et à la fois décoratif appliqué sur les parois. Ce revêtement est formé de deux manières. A la partie inférieure des murs il consiste en un plaquage de pierre ; plus haut il est formé d'un enduit de stuc peint ou de briques émaillées.

En Chaldée, où la pierre était beaucoup plus rare, les revêtements lapidaires sont inconnus. On rencontre cependant des vestiges de sculptures taillées dans une pierre très dure ; elles n'offrent que des statues isolées, surtout des figures de lions. Le Louvre en possede un spécimen remarquable, la statue même du Patesi Goudea, tenant sur ses genoux une maquette du palais de Tello. M. Heuzey discerne à travers les vestiges retrouvés trois époques : une époque de rudesse extrême, une époque de sobriété savante, et une époque de recherche gracieuse et d'exécution raffinée (¹).

24. — En Assyrie on fait usage de pierre pour les seuils, les linteaux des portes, les soubassements des murs. Ces pierres offrent quelques figures en ronde bosse, et surtout des suites interminables de bas-reliefs.

Comme nous l'avons dit plus haut, la partie inférieure des murs était garantie contre les contacts et les chocs par des plaques de gypse ou de calcaire, hautes de 1 à 3 mètres, larges de 2 à 4 mètres, épaisses de 20 centimètres ; elles étaient couvertes de bas-reliefs historiés, rehaussés de polychromie. — Chaque pierre offrait un sujet distinct. Ces figurations étaient religieuses aux parois extérieures,

---

1. L. Heuzey, *Les fouilles de Chaldée.* — *Revue archéolog.*, nov. 1881.

tandis que dans l'intérieur des salles elles étaient historiques et consacrées à la glorification du monarque créateur du palais; on sait qu'en général chaque roi avait l'ambition de se faire bâtir une demeure où tout rappelait sa gloire et ses exploits.

25. — Il est intéressant de comparer ici les rôles distincts que s'assigne la sculpture dans les arts de différentes nations. En Égypte, elle se répand indistinctement sur toutes les surfaces. En Grèce, elle se restreint à des espaces choisis et très particuliers où elle a un rôle expressif spécial ; surtout aux frises et aux frontons. En Assyrie, elle se cantonne dans les soubassements des murs ; les personnages qui y sont sculptés se tiennent au niveau du spectateur et semblent marcher sur le plancher.

Le style des sculptures de Ninive diffère de celui de l'Égypte. Il est plus libre et plus naturel, moins conventionnel, plus réalistique. Chez les Égyptiens, le contour est prédominant, chez les Assyriens le modelé est rendu avec intensité. Les premiers gravent en creux, les seconds sculptent en relief. Les uns sont esclaves de l'architecture, idéalisent les formes, possèdent un style plus grandiose, montrent plus de caractère ; les autres imitent franchement la nature, rendent et exagèrent même la musculature, individualisent les types. Les statues en bas-relief de l'Égypte sont hiératiques, impersonnelles et semblent toutes provenir d'un même ciseau ; en Assyrie l'œuvre trahit le sentiment propre de l'auteur, on distingue la main des différents artistes qui ont décoré les palais.

26. — Les bas-reliefs de Ninive les plus anciens restent supérieurs à ceux des dernières époques ; ils offrent une grandeur et une sévérité de style, que n'ont pas les sculptures plus modernes ; en revanche celles-ci se distinguent par une plus grande élégance, et par le fini du détail (¹).

Les bas-reliefs qui ornent l'intérieur des salles nous font connaître la vie et les mœurs de l'ancienne Assyrie. Le roi se montre vêtu avec magnificence, la barbe et les cheveux longs et frisés, coiffé d'une tiare, la main à la garde de son épée, et tenant un bâton de commandement ; ou assis sur son trône, une coupe à la main,

---

1. Dr Delgeur, ouvr. cité.

entouré d'eunuques. On le voit dans un char poursuivant de ses
flèches les lions et les taureaux sauvages. Ailleurs ce sont des
scènes de guerre, extrêmement curieuses, au point de vue du costume, de l'armement, de la stratégie, des données topographiques.
On pourrait à l'aide de ces sculptures dresser la géographie illustrée
des régions qui ont été le théâtre des exploits des princes. Les

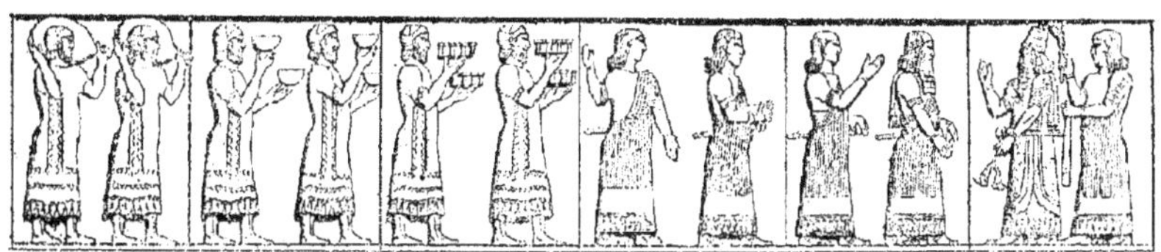

Fig. 13. — Bas-relief du palais de Khorsabad. — Ambassadeurs apportant
le tribut au roi Sargon.

villes sont représentées avec soin, et les édifices, figurés de manière
à intéresser vivement l'archéologue. On assiste même à la construction des palais comme dans ce bas-relief, où un taureau
ailé, soigneusement serré entre des poutres et couché sur un
traîneau, est tiré par des ouvriers sur la plateforme qu'il doit
occuper. Ces instructifs bas-reliefs nous montrent que les Assyriens
étaient dépourvus d'engins mécaniques perfectionnés, et qu'ils ont
employé à leurs énormes constructions et à la manutention de
pierres pesant jusque 20 tonnes, des armées de captifs munis des
moyens les plus sommaires. Ailleurs les sculptures nous montrent
des festins qui rappellent celui de Balthazar.

Les meubles, les lits, les tables, les sièges, offrent un style
rigide mais décoratif, empreint de distinction. Les bijoux qui
rehaussent la toilette des personnages sont d'un travail très fin,
et les armes sont travaillées avec un art remarquable.

27. — Chez les Assyriens, la nudité était réputée honteuse, et le
vêtement joue un rôle important dans les tableaux historiés. On
peut y étudier d'une manière détaillée le costume, souvent somptueux, des différentes classes sociales. Par contre, la forme du
corps humain y est traitée d'une manière sommaire, et reproduit
un type idéal invariable.

C'est surtout dans les représentations d'animaux, que les sculpteurs ont montré leur entente du modelé et leur habileté à copier la

nature ; certaines d'entr'elles sont fort supérieures à toutes les figures d'hommes et font l'admiration des modernes. Ces artistes ont surtout affectionné la représentation du lion, et l'ont reproduite dans une foule de sujets ; c'est le lion à l'état sauvage guettant sa proie, ou étouffé par un génie ailé, ou chassé par un roi, ou égorgé et offert devant les autels. Le *British Museum* conserve un bas-relief dit de la *lionne blessée*, qui est un chef-d'œuvre. « Une des trois flèches qui l'ont atteinte lui a brisé la colonne vertébrale à la hauteur des reins ; toute la

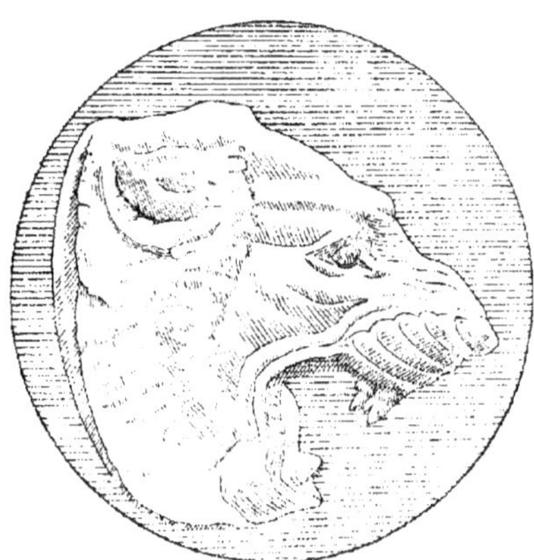

Fig. 14. — Tête de lion, bas-relief.

partie postérieure du corps est paralysée ; impuissantes, les pattes de derrière traînent à terre ; mais l'animal se raidit sur les pattes de devant, que la vie et le mouvement n'ont pas abandonnées ; il tend le cou et la tête ; il fait jusqu'au dernier moment, face à l'ennemi. Quand on a pendant quelque temps fixé les yeux sur cette image, on se prend à sentir arriver jusqu'à ses oreilles l'écho du rugissement suprême qui sort de cette bouche entr' ouverte, déjà plaintif et cependant encore menaçant (¹). »

L'ORNEMENT PEINT ET ÉMAILLÉ.

28. — En Assyrie la brique ne se montrait jamais à nu. Elle était couverte d'un enduit, sorte de mastic blanc formé de chaux et de plâtre. Le stuc était revêtu de couleurs à la détrempe. Une grande partie des murs était couverte d'une teinte plate, uniforme, sauf le couronnement, orné de polychromie sur fond blanc, à la base des créneaux. (V. fig. 15.) A l'intérieur la monotonie de ce badigeon uni était rompue dans le haut des murs et à l'intrados des voûtes, par des bandes de couleurs offrant des galons, des palmettes, des rosaces et des figures.

---

1. Perrot et Chipiez, *Hist. de l'art dans l'antiquité*, t. II, p. 533-574.

En Chaldée les murs étaient parfois décorés extérieurement, soit de rangées de vases enfoncés dans l'intérieur, dont l'embouchure

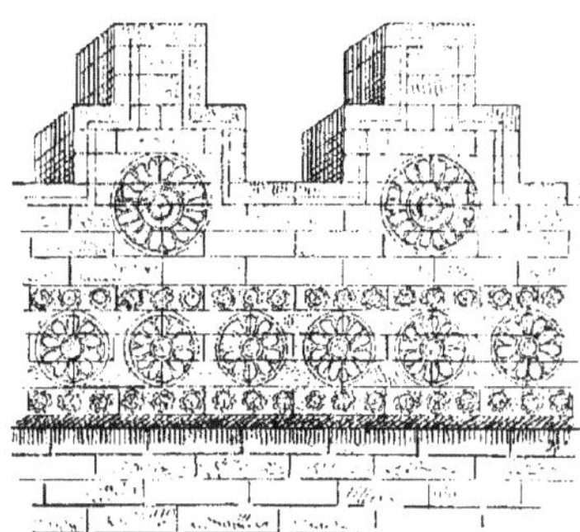

Fig. 15.
Décor du couronnement de murs.

arrasait la paroi, produisant des creux obscurs, soit de sortes de mosaïques, dont les éléments étaient des cônes de terre cuite enfoncés par la pointe dans le mur ; ils affleuraient le parement par leurs bases, offrant des disques colorés en jaune, en noir, ou rouge.

Mais une coloration plus riche et plus durable était produite par la brique émaillée. Comme nous l'avons dit ailleurs, les Égyptiens paraissent l'avoir pratiquée les premiers ; mais ils en ont fait un usage beaucoup moins général que les Assyriens. La Chaldée a d'abord connu ce procédé, et l'a pratiqué d'une manière supérieure :

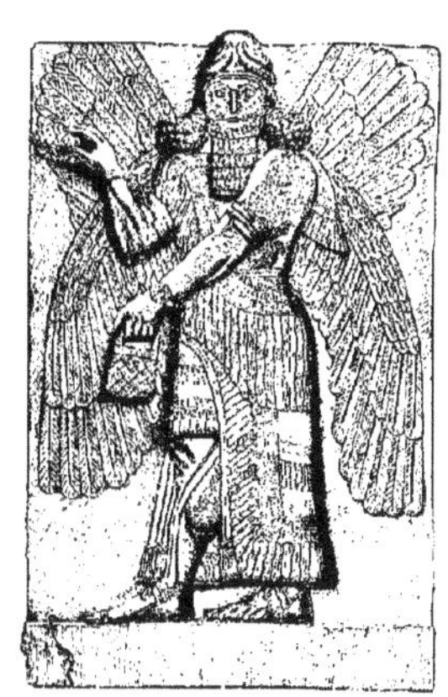

Fig. 16.
Génie ailé en prière.

témoins les quelques fragments de la belle céramique qu'on trouve dans les ruines de Babylone. Mais ce n'est qu'en Assyrie qu'on en a trouvé des applications importantes. M. Place a découvert une riche archivolte en briques émaillées au-dessus de la porte de la ville fondée par Sargon à Khorsabad, et des portions de murailles ornées d'émaux céramiques (fig. 15). La brique coloriée ornait le couronnement des murs et les créneaux, le reste était couvert, en Assyrie, d'une teinte uniforme ; tandis qu'à Babylone, à ce que nous apprennent les historiens grecs de la Bible elle-même ([1]), ce fond uni faisait place à des figurations d'animaux, à des chasses, à des courses. — Dans cette polychromie le bleu prédominait. La

---

1. V. le passage cité plus haut d'Ezéchiel, XXIII, 14.

richesse du décor s'accentuait près des portes ; l'encadrement de celles-ci était orné de bandes, de frises, d'archivoltes rehaussés de rosaces, de génies ailés, etc.

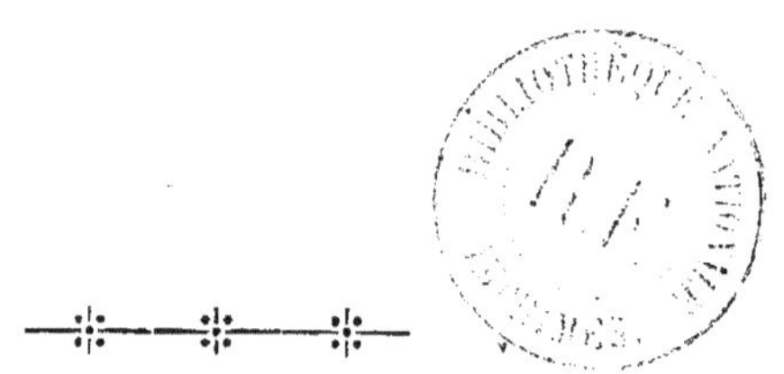

TABLE DES MATIÈRES.

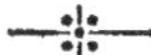

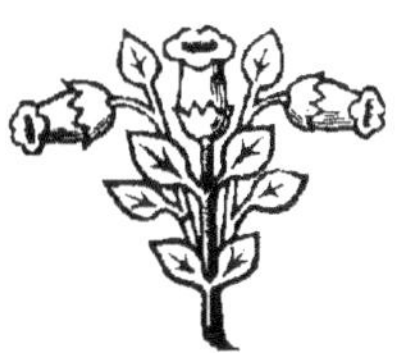

Imprimé par Desclée, De Brouwer et Cie.

TRACTS ARTISTIQUES.

—:|:—

1º L'art monumental des Égyptiens et des Assyriens.

2º » » des Perses et des Hindous.

3º » » des Grecs.

4º » » des Romains.

5º » » latino-byzantin.

6º » » roman.

7º » » gothique.

8º » » de la Renaissance.